Harald Pöcher

Berühmte Feldherren: Lieblingsspeisen und Rezepte

Kulinaristik

Band 2

LIT

Harald Pöcher

Berühmte Feldherren: Lieblingsspeisen und Rezepte

LIT

Umschlagbild:
Jean Fouquet: Bankett in Paris 1378 von Karl V. von Frankreich (Mitte, blau) für Karl IV., Kaiser des Heiligen Römischen Reiches (links) und seinen Sohn Wenzel, König der Römer.
Bibliothèque nationale de France (BnF), Paris, France

Bibliografische Information der Deutschen Nationalbibliothek
Die Deutsche Nationalbibliothek verzeichnet diese Publikation in der Deutschen Nationalbibliografie; detaillierte bibliografische Daten sind im Internet über https://dnb.dnb.de abrufbar.

ISBN 978-3-643-51188-1 (br.)
ISBN 978-3-643-66188-3 (PDF)

Wien 2024
Garnisongasse 1/19
A-1090 Wien
Tel. +43 (0) 1-409 56 61 Fax +43 (0) 1-409 56 97
E-Mail: wien@lit-verlag.at https://www.lit-verlag.at

Auslieferung:
Deutschland: LIT Verlag, Fresnostr. 2, D-48159 Münster
Tel. +49 (0) 2 51-620 32 22, E-Mail: vertrieb@lit-verlag.de

Inhaltsverzeichnis

Vorwort

Die Lebensgeschichte und die bedeutenden Waffentaten der berühmtesten Feldherren kennen wir aus unzähligen Biografien. Der Autor hat auf Grund seiner militärischen Ausbildung jene Feldherren ausgewählt, welche mit dem „so genannten göttlichen Funken“ gesegnet waren und dadurch auch unter schwierigsten Bedingungen Schlachten für sich entscheiden konnten. Bei der Auswahl der Feldherr hat er bewusst die Zeitspanne der Antike bis zum Ende der Napoleonischen Zeit ausgewählt. Die Kurzbiografien der ausgewählten Feldherren zeigen auch, dass diese herausragenden Persönlichkeiten eigentlich in der Zeit, in der sie lebten, sehr alt geworden sind, außer sie verstarben am Schlachtfeld oder auf hoher See im Gefecht. Dies mag einerseits daran gelegen sein, dass sie gute Gene hatten, aber auch genügend Geld besaßen, um beste Nahrungsmittel zu konsumieren. Über die Rezepte und Lieblingsspeisen dieser Persönlichkeiten ist aber weniger bekannt.

Mit der Vorlage des kleinen Büchleins „Essen wie Lucullus - Lieblingsspeisen und Rezepte berühmter Feldherren“ schließt der Autor eine kleine Lücke in den Biografien der ausgewählten Feldherren, aber er maßt sich nicht an, damit letzte Details geklärt zur haben, denn das Büchlein ist kein Fachbuch über die Kochkunst.

Der Autor kocht und isst gerne die ausgewählten Rezepte. Er hat die Rezepte selbst gekocht, ausgenommen das Rezept aus dem ehemaligen Inkareich. Er hat in Südamerika diese Speise gegessen und bei der Zubereitung zugesehen.

Der Autor dankt - ohne deren Namen zu nennen - ehemaligen Mitarbeiterinnen im Bundesministerium für Landesverteidigung, welche ebenfalls die Rezepte fachlich begutachtet und einige wertvolle Tipps bei der Zusammenstellung der Kochrezepte gegeben haben. Ferner dankt der Autor Dr. Wilhelm Hopf und Timna Holzer, MA für die wertvollen Tipps bei der Zusammenstellung des Büchleins.

Also „einen guten Appetit“.

Ramses II.

Ramses II., auch Ramses der Große genannt, war der dritte Pharao aus der 19. Dynastie des Neuen Reichs und wurde um 1303 v. Chr. geboren und starb am 27. Juni 1213 v. Chr. Er regierte rund 66 Jahre von 1279 bis 1213 v. Chr. und ist damit eines der am längsten amtierenden Staatsoberhäupter der Welt. Er gilt als einer der bedeutendsten Herrscher des Alten Ägypten.

Als Ramses II. mit 14 Jahren den Thorn bestieg, fielen die Hethiter nach Ägypten ein und besetzten die bedeutende Handelsstadt Kadesch im heutigen Syrien. Ramses II. führte daraufhin seine Streitkräfte ins Feld, um die Stadt zurückzuerobern. Allerdings fiel er auf Spione herein, die ihm erzählten, die Hethiter wären noch weit vom Lager seiner Streitkräfte entfernt. In Wirklichkeit lagen sie ganz in der Nähe auf der Lauer und griffen überraschend an. Die Ägypter standen kurz vor der Niederlage, als im letzten Moment Verstärkung eintraf. Ramses II. gewann zwar die Schlacht, aber nicht den Krieg. Seine angeschlagenen Truppen zogen sich danach aus Kadesch zurück. Allerdings sah Ramses nicht ein, warum er sich seinen Triumph von Nebensächlichkeiten wie der Wahrheit verderben lassen sollte. In ganz Ägypten ließ er an den Wänden von Tempeln Wandzeichnungen anbringen, die zeigten, wie er die Aggressoren eigenhändig besiegte. Tatsächlich verbrachte er Jahre damit, mit den Hethitern zu verhandeln. Am Ende unterzeichneten beide Seiten einen Friedensvertrag, der früheste Friedensvertrag, der in Schriftform erhalten ist. Beide Seiten einigten sich unter anderem darauf, keine Flüchtlinge aus dem jeweils anderen Land aufzunehmen, sondern sie wieder in ihr Heimatland zurückzuführen, wo sie allerdings auch nicht für ihren Fluchtversuch bestraft werden durften. Darüber hinaus willigten sie ein, im Falle von feindlichen Angriffen durch Dritte eine Militärallianz einzugehen. Eine Abschrift des Vertrags wurde in Hieroglyphen in einer Stele im Tempel von Karnak verewigt. Eine zweite Abschrift wurde auf einer akkadischen Tontafel gefunden, die 1906 in der Türkei entdeckt wurde. Eine Kopie der Tontafel ist im Hauptquartier der Vereinten Nationen in New York ausgestellt.

Als ein Zeichen des guten Willens und der Diplomatie vermählte sich Ramses II. mit der ältesten Tochter des Hethiterkönigs. Fortan leistete sie ihm, seiner Hauptfrau Nefertari und seiner großen Familie – er zeugte mehr als 100 Kinder – in seiner neuen Hauptstadt Pi-Ramesse Gesellschaft, die er natürlich nach sich selbst benannt hatte.

Der Reichtum des Landes unter Ramses II. zeigt sich in seiner opulenten Baukampagne – kein anderer Pharao übertraf ihn in diesem Bereich je. Die Tempel von Karnak und Abu Simbel zählen zu den eindrucksvollsten Bauwerken des Alten Ägypten. Sein Grabpalast, das Ramesseum, enthielt eine gewaltige Bibliothek mit mehr als 10.000 Papyrusrollen. Er erwies sowohl seinem Vater als auch sich selbst Ehre, indem er die Tempel in Abydos fertigstellte.

Ramses II. dürfte gemäß den Wandmalereien und auch da er für die damalige Zeit das biblische Alter von 90 Jahren erreichte, nur die beste Nahrung zu sich genommen haben.

Wandmalereien zeigen beispielsweise, was im alten Ägypten geerntet, gejagt oder auf dem Markt angeboten wurde; Lebensmittel waren außerdem gängige Grabbeigaben. Schließlich sollte die Seele des Toten auf ihrer Reise ins Jenseits nicht hungern. So weiß man heute unter anderem, dass Getreide eine große Rolle spielte - und alles, was man daraus herstellen kann: Es gab Dutzende Sorten Brot, Kuchen und anderes Gebäck. Bier gehörte zu den verbreitetsten Getränken.

Ramses II. in Luxor
Foto:Autor

Da das Grundnahrungsmittel „Fladenbrot“ auch bei uns sehr populär geworden ist, wird hier ein einfaches Rezept für ein einfaches Fladenbrot vorgestellt. Es gab Dutzende Brotsorten! Weitverbreitet waren dreieckige Fladen, von denen man sogar Überreste gefunden hat – in Gräbern, die mehr als 5000 Jahre alt sind. Ursprünglich wurde dieses Brot wohl aus gemahlenem Emmer gebacken, einer sehr alten Weizensorte.

Dreieckiges Fladenbrot

Zutaten für 8 Stück:
300 Gramm Weizenvollkornmehl
1 Teelöffel Trockenhefe
200 Milliliter lauwarmes Wasser

Zubereitungszeit: etwa 75 Minuten

Die Zubereitung:
Man vermengt das Mehl, die Hefe und Wasser in einer Schüssel und knetet daraus einen Teig – einige Minuten lang, bis er richtig schön zäh ist. Danach rollt man den Teig zu einem großen Quadrat aus und zerteilt mit einem geeigneten Küchenmesser oder Teigroller das Quadrat je einmal hoch und quer. Danach hat man acht Dreiecke. Die Dreiecke legt man auf ein Backblech mit Backpapier, deckt den Teig mit einem Geschirrtuch ab und lässt den Teig 45 Minuten lang gehen.

Danach schiebt man das Blech ohne das Tuch für etwa 15 Minuten in den auf 200 Grad vorgeheizten Backofen, bis sich die Dreiecke aufblähen und an den Ecken braun werden.

(https://upload.wikimedia.org/wikipedia/commons/c/cd/Flatbread.JPG)

Alexander der Große

Alexander der Große wurde 356 v. Chr. als Sohn von König Philipp II. von Makedonien geboren und starb 323 v. Chr. Während sich sein Vater im Krieg befindet, erhält Alexander eine umfassende Ausbildung, etwa in Mathematik und Bogenschießen. Einer seiner Lehrer ist der weltbekannte Philosoph Aristoteles. Im Jahre 336 v. Chr. folgte der zwanzigjährige Alexander seinem Vater auf den Thron. 337 v. Chr. begründete er den sogenannten Korinthischen Bund, dem außer Sparta alle griechischen Stadtstaaten angehörten, und zu dessen Hegemon und bevollmächtigten Strategos er sich erklärte. Im Jahr 334 v. Chr. begann Alexander einen Feldzug mit weniger als 40.000 Mann, die meisten von ihnen sind ihm bis in den Tod ergebene Makedonier, um das Persische Reich zu erobern. Alexander kommandiert seine Truppen mit viel Geschick und gewinnt die Anerkennung der Soldaten, indem er selbst in Schlachten mitkämpft und sich dabei teilweise schwere Verletzungen zuzieht. Im Jahr 334 v. Chr. überquert er den Bosporus und erreicht Kleinasien. Alexander besucht die sagenumwobene Stadt Troja und im Jahr 333 v. Chr. besiegt er bei Issos die zahlenmäßig überlegenen Truppen von Dareios III. Der Rückzug des persischen Heers verläuft so hektisch, dass einige Familienmitglieder des Dareios, darunter seine Mutter, seine Frau und drei seiner Kinder von Alexander gefangen genommen werden. Der Bitte von Dareios um einen Freundschaftsvertrag und die Auslieferung seiner Familie will Alexander nur nachkommen, wenn dieser ihn als „König Asiens“ anerkennt. Da Dareios dazu nicht bereit ist, setzt Alexander seinen Feldzug entlang der Mittelmeerküste bis nach Ägypten fort und nimmt strategisch wichtige Hafenstädte ein, unter anderem die aufständische phönizische Stadt Tyros. In Ägypten wird er mit Wohlwollen empfangen und wie ein Pharao als Gottkönig verehrt.

Vom Mittelmeer rückt Alexander in Richtung Mesopotamien vor, wo er in der Schlacht von Gaugamela 331 v. Chr. zum zweiten Mal auf die wiedererstarkte Armee von Dareios III. trifft. Bei dieser Schlacht stellt Alexander sein großes operatives und taktisches Können unter Beweis. Als sich in den persischen Reihen eine Lücke öffnet, nutzen er und seine Elite-Kavallerie diese und trennen die gegnerischen Truppen voneinander. Damit hat Alexander das Perserreich erobert.

Nachdem er das große Persische Reich an sein Königreich angeschlossen hatte, begründet Alexander das Alexanderreich. Dieses Herrschaftsgebiet von bisher nicht dagewesener Größe reicht ihm allerdings noch nicht und er marschiert mit seinen Truppen in Indien ein und überquert den Indus, die östliche Grenze des Perserreiches. Der Monsun lässt allerdings Alexanders Männer an Fieber erkranken und es macht sich eine Meutereistimmung breit. Im Jahr 325 v. Chr. wird schließlich der Rückzug angetreten.

Alexander fand 323 v. Chr. in Babylon einen plötzlichen Tod – vermutlich erlag er den Folgen einer Typhuserkrankung. Der Leichnam Alexanders soll zur Konservierung in Honig gelegt worden sein. Entgegen dem Wunsch des Verstorbenen, im Ammonium von Siwa begraben zu werden, wurde er in Alexandria beigesetzt. Alexanders letzte Worte auf die Frage, wem er sein Reich hinterlassen werde, sollen gelautet haben: Dem Besten. Alexander war zwar ein genialer Kriegsherr, doch Politik und Diplomatie waren nicht seine Stärken.

Alexander in der Schlacht von Issos (Neapel, A. National Museum, Alexandermosaik, Schlacht von Issos)

Götterspeise: Eis mit Milch und Honig

Die Vorzüge von Eis kannte auch Alexander der Große: Er ließ Erdlöcher ausheben und mit Holz verkleiden. Dort lagerte er Gipfelschnee und Gletschereis, welches er bei Bedarf mit Wein oder Honig, Fruchtsaft oder Milch mixte. Diese Mischung gab er seinen Offizieren zu trinken, um sie bei Laune zu halten.

Mittlerweile lässt sich das Eis auch ganz einfach mithilfe spezieller ursprünglich aus Japan kommender Kakigori-Maschinen zu Hause machen (https://kakigori-eis.de/kakigori-maschine/). Man hat die Wahl zwischen einer elektrischen und einer mechanischen Variante. Während die elektrische Maschine das Eis automatisch abschabt, muss man bei letzterer von Hand kurbeln.

Zubereitungszeit: Bei Vorhandensein der Eisblöcke und einer Kakigori-Maschine etwa 20 bis 30 Minuten.

Zubereitung:
Das eigentliche „Speiseeis" kann mittels einer Kakigōri-Maschine (derartige Maschinen sind in Japan sehr populär, können aber auch online in Europa erworben werden) hergestellt werden, in die ein Eisblock eingespannt wird, von dem dann eine Klinge Eisstücke abschabt, so dass eine lockere Anhäufung von Flocken entsteht. Das Eis wird dann üblicherweise mit Sirup gegessen, in Geschmacksrichtungen wie beispielsweise Erdbeere, Kirsche, Zitrone, Traube, Melone, grünem Tee oder Kombinationen davon. Darüber wird dann zur weiteren Süßung Kondensmilch gegeben.

Kakigori mit Macha übergossen (https://upload.wikimedia.org/wikipedia/commons/a/a1/Macha_kakigori_snow_cone.jpg)

Qin Shi Huang Di (chinesisch 秦始皇帝, Pinyin Qín Shǐhuángdì, eigentlich Ying Zheng (chinesisch 嬴政, Pinyin Yíng Zhèng)

Qin Shihuangdi wurde als Ying Zheng im Jahr 259 vor Christus geboren. Diese Zeit war bekannt als die „Zeit der kämpfenden Reiche". Nach dem Tod seines Vaters bestieg er bereits mit 13 Jahren als König Zheng den Thron von Qin. Im Jahr 237 vor Christus übernahm er auch offiziell die Amtsgeschäfte. Danach entwarf er eine Strategie zur Unterwerfung der übrigen sechs Reiche, mit denen sich sein Reich in Feindschaft befand. Er unterwarf zwischen 230 und 221 vor Christus Zug um Zug die anderen Staaten und bereitete damit dem zersplitterten China ein Ende und machte Xi'an zu Chinas Hauptstadt. Ying Zheng wurde zum ersten Kaiser Chinas und nannte sich danach „Qin Shihuangdi“, was man als „Erster erhabener Herrscher aus der Qin-Dynastie" übersetzen könnte.

Nach der Reichseinigung wurde das Reich auch administrativ vereinigt und das Lehnswesen abgeschafft. Er gliederte das Land in 36 Präfekturen, welche wiederum in kleinere Verwaltungseinheiten unterteilt wurden. Dieses zentralistisches Staatssystem bestand bis zum Anfang des 20. Jahrhunderts. Auch in wirtschaftlicher und kultureller Hinsicht bemühte sich der Kaiser um einheitliche Standards im Reich. Er ließ Maße und Gewichte im ganzen Land angleichen, reformierte die Rechtsprechung und führte ein straffes Steuersystem ein. Als einheitliche Währung wurden Kupfermünzen mit einem Loch in der Mitte etabliert. Außerdem verfügte Shihuangdi, dass „Xiao

Zhuan", eine kleine Siegelschrift, die zahlreichen anderen Schriftarten des Reiches ersetzen sollte. Der Kaiser unternahm in seinem neuen Reich viele Inspektionsreisen. Es war ihm daher das Verkehrsnetz sehr wichtig. Es entstanden zahlreiche neue Schnellstraßen und Kanäle. Darüber hinaus wurde die Achsbreite von Wagen normiert, um diese an die ebenfalls vereinheitlichte Spurbreite der Straßen anzupassen.

Trotz seiner vielen bedeutenden Reformen war Shihuangdi laut Historikern kein beliebter Herrscher. Im Gegenteil: Er galt als selbstherrlicher Tyrann und Despot. Besonders bei den Adeligen war der Kaiser verhasst, da er sie mit seiner Staatsreform all ihrer Macht beraubt hatte. Aber auch das einfache Volk hatte unter dem neuen Herrscher zu leiden. Für seine Bauwerke verpflichtete Shihuangdi Tausende Bauern zu Frondiensten. So ließ er unter anderem die Paläste der von ihm unterworfenen Fürsten originalgetreu in der Hauptstadt Xi'an nachbauen. Sein neben der Terrakotta-Armee wohl berühmtestes Bauwerk ist die Große Mauer im Norden des Landes, die durch die Verbindung bereits bestehender Verteidigungsanlagen entstand.

Mit Oppositionellen ging Shihuangdi äußerst grausam um. Um seine Vormachtstellung zu stärken, gab er den Befehl, historische Aufzeichnungen aus der Zeit vor der Qin-Dynastie zu zerstören. Davon ausgenommen waren nur die Geschichtsbücher über sein Heimatreich Qin. Als sich zahlreiche konfuzianische Gelehrte gegen dieses Vorhaben auflehnten, ließ der Kaiser sie angeblich zu Hunderten lebendig begraben.

Zeit seines Lebens versuchte Shihuangdi hinter das Geheimnis der Unsterblichkeit zu kommen. Beispielsweise entsandte er eine große Expedition, die für ihn ein Lebenselixier finden sollte. Seine gigantische Grabanlage ist ein weiterer Hinweis auf das kaiserliche Verlangen nach einer unendlichen Existenz.

Ein Portrait des Herrschers, welches im 18. Jahrhundert nachgezeichnet wurde. Foto: Archiv Autor

Dem Autor ist kein Lieblingsgericht des Herrschers bekannt. Er wählte daher aus dem reichhaltigen Angebot der regionalen Küchen in China ein klassisches Hauptgericht aus.

Schweinefleisch süß-sauer

Zutaten für 4 Personen:

500 Gramm Schweinefleisch 5 Esslöffel Sojasauce 1 Eiweiß 3 Esslöffel Speisestärke 1 Zwiebel 2 Knoblauchzehen	1 Stück frischer, aprikosengroßer Ingwer 1 rote Paprikaschote 2 Karotten (etwa 150g) 250 Gramm Ananas (Stücke u. Saft aus der Dose) 2 Esslöffel Sherry (trocken)	3 Esslöffel Tomatenketchup 3 Esslöffel Weinessig 3 Esslöffel Zucker (braun) ¼ Liter Öl

Zubereitungszeit: 40 Minuten

Zubereitung:

Das Fleisch in mundgerechte Stücke schneiden und mit 2 Esslöffel Sojasoße, Eiweiß, 1 Teelöffel Salz und 3 Esslöffel Speisestärke gut vermischen. 30 Minuten kaltstellen. Die Zwiebel schälen und in dünne Scheiben schneiden, Knoblauch und Ingwer schälen und fein würfeln. Paprikaschote in 2 cm große Stücke schneiden. Möhren schälen und schräg in dünne Scheiben schneiden. Ananasstücke abgießen und den Saft auffangen.

Für die Würzsoße 4 Esslöffel Wasser mit 1 Teelöffel Speisestärke verquirlen. Sherry, übrige Sojasoße, Tomatenketchup, Essig, Zucker, Salz und 100 Milliliter Ananassaft unterrühren. Das Öl erhitzen (180°C). Fleischwürfel darin portionsweise 4-5 Minuten goldbraun ausbacken, dann mit einer Schaumkelle herausheben und auf Küchenkrepp kurz abtropfen lassen. Zugedeckt warmhalten. Das Fett bis auf 3 Esslöffeln aus dem Wok abgießen, verbliebenes Öl erneut erhitzen. Knoblauch und Ingwer darin 15 Sek. anrösten. Zwiebel, Paprika und Möhren dazugeben und etwa 3 Minuten unter Rühren braten. Die Würzsoße kräftig durchrühren. In den Wok gießen und unter Rühren zum Kochen bringen. Erst die Ananasstücke dazu geben und bei mittlerer Hitze 2 Minuten mitgaren, dann das Fleisch noch 1 Minute erhitzen. Dazu schmeckt am besten Basmatireis.

Schweinefleisch süßsauer; (https://commons.wikimedia.org/wiki/File:Sweet-and-sour_pork.j)

Hannibal

Hannibal Barkas wurde um 247 v. Chr. geboren und starb 183 v. Chr. Er war ein karthagischer Stratege und Heerführer und gilt als einer der größten Feldherren der Antike. Hannibal zeichnete sich durch ein für seine Zeit ungewöhnliches Bewusstsein über die Möglichkeiten und Grenzen von Zeit und Raum für militärische Manöver aus.

Im Jahr 221 v. Chr. wurde er zum Oberbefehlshaber des Heeres ernannt und führte einen Feldzug gegen iberische Stämme. Um einem römischen Angriff auf Spanien zuvorzukommen, überschritt er im Zweiten Punischen Krieg (218–201 v. Chr.) die Alpen und gelangte durch das Gebiet der Salasser nach Aosta und Ivrea. Das Heer erlitt in den Alpen zwar schwere Verluste, konnte jedoch mit Kelten aus der Po-Ebene verstärkt werden. Hannibal fügte dem Römischen Reich mehrere schwere Niederlagen zu und brachte Rom 216 v. Chr. in der Schlacht von Cannae an den Rand des Untergangs. Hannibal marschierte trotz seiner militärischen Erfolge nicht nach Rom. Hannibal wurde aber schließlich von dem römischen Feldherrn Scipio Africanus in der Schlacht von Zama 202 v. Chr. besiegt.

Nach dem Frieden zwischen Karthago und Rom führte Hannibal in Karthago Reformen durch, die die Aristokratie schwächten. Dadurch machte sich Hannibal viele Feinde in Karthago und musste fliehen. Er floh aus dem römischen Machtbereich in den östlichen Mittelmeerraum, wo er von den Römern verfolgt wurde. In die Enge getrieben, vergiftete er sich, um nicht in römische Gefangenschaft zu geraten.

Büste von Hannibal, (Das Foto wurde um 1900 gemacht. Nationales Archäologiemuseum in Neapel)

Damals war im gesamten Mittelmeerraum und im Speziellen bei den Streitkräften die Puls sehr beliebt. Die Puls ist ein zumeist aus Dinkel oder Emmer hergestellter Getreidebrei. Sie besaß auch eine religiöse Bedeutung. Als heutiger Nachfolger von Puls kann beispielsweise etwa die Polenta angesehen werden. Hannibal wird Puls auch gegessen haben.

Puls Punica

Für vier Personen benötigt man folgende Zutaten:

250 Gramm Getreide (In der Antike: Dinkel, Emmer)
100 Gramm Käse
2 Karotten
1 Stange Lauch
½ Zwiebel
2 Zehen Knoblauch
½ Liter Wasser

Gewürze: Pfeffer, Bohnenkraut, Dill, Koriander, Kümmel
Olivenöl

Zubereitungszeit: Mit der Kochzeit benötigt man etwa 45 Minuten (20 Minuten Vorbereitung, 25 Minuten Kochzeit).

Zubereitung:
Die Zwiebel und den Knoblauch schälen und kleinhacken. Karotten und Lauch in Scheiben schneiden. Zwiebel und Knoblauch im Olivenöl andünsten, das Gemüse und die Gewürze dazugeben und mit Wasser ablöschen. Sobald das Wasser kocht, das Getreide dazugeben und köcheln lassen, bis das Wasser vom Getreide aufgesogen ist. Danach den Käse dazugeben.

Puls Punica, (https://commons.wikimedia.org/wiki/Category:Oatmeal_porridges?uselang=de#/media/File: HavregrpA5_vand.JPG)

Gaius Iulius Caesar
Gaius Iulius Caesar (100 v. Chr. bis 15. März 44 v. Chr.) war ein römischer Staatsmann, Feldherr und Autor, der maßgeblich zum Ende der Römischen Republik und zur faktischen Monokratie beitrug.

Gaius Iulius Caesar entstammte einer Patrizierfamilie und absolvierte die Ämterlaufbahn. Erst mit etwa 40 Jahren fuhr Caesar seinen größten politischen Sieg ein, als er zusammen mit dem berühmten General und Staatsmann Gnaeus Pompeius Magnus und dem reichsten Mann Roms, Marcus Licinius Crassus, das erste Triumvirat gründete. Im Jahr 59 v. Chr. wurde er zum Konsul gewählt. Er wusste, dass er einen bedeutenden militärischen Sieg erringen musste, um auch jenseits des politischen Parketts nachhaltigen Ruhm zu erlangen.

Er ging daher als Prokonsul in die nördlichen Provinzen Illyrien und Gallia Cis- und Transalpina, von wo aus er in den Jahren 58 bis 51 v. Chr. ganz Gallien bis zum Rhein eroberte. Insgesamt unterwarf oder versklavte Caesar im Rahmen seiner Kampagne mehr als eine Million Gallier – ein vernichtender Sieg, der die wachsende Rivalität zwischen Caesar und Pompeius verschärfte, der Caesars Platz als Konsul eingenommen hatte.

Diese Rivalität führte unweigerlich zum Römischen Bürgerkrieg von 49 bis 45 v. Chr. Im Januar des Jahres 49 v. Chr. überschritt Caesar mit seiner Armee den Rubikon in Richtung Rom. Jenseits dieser Grenze durfte er eigentlich keine Truppen kommandieren. Obwohl Pompeius' Armee doppelt so groß wie die Caesars war, wurde er 48 v. Chr. in Pharsalus von ihm besiegt. Caesar vertrieb Pompeius aus Italien und verfolgte ihn letztlich bis nach Griechenland. Pompeius floh erneut, diesmal nach Ägypten. Dort wurde er allerdings verraten und getötet, als er an der Küste an Land ging. Gaius Iulius Caesar errang die Alleinherrschaft. Als Caesar die loyalen Anhänger seines alten Feindes bis nach Nordafrika verfolgte, lernte er Kleopatra kennen. Aus ihren politischen und romantischen Verwicklungen ging ein gemeinsames Kind hervor, das den Namen Caesarion erhielt. Nach seiner Ernennung zum Diktator auf Lebenszeit fiel er einem Attentat zum Opfer.

Im Jahr 46 v. Chr. kehrte Caesar siegreich nach Rom zurück. Als Herrscher setzte er dort mehrere Maßnahmen um, die sich als vorteilhaft für das Reich erwiesen. Er stockte den Senat auf, um mehr Interessengruppen ein Mitspracherecht zu gewähren, und ermöglichte es Ausländern, die römische Bürgerschaft anzunehmen. Selbst seinen politischen Gegnern gegenüber war er großzügig, was beispielsweise Marcus Junius Brutus zugutekam, einem Unterstützer von Pompeius. Allerdings hatten Casears politische Reformen, die seine Macht immer weiter festigten, viele Senatoren verstimmt. Als er sich im Jahr 45 v. Chr. zum Diktator auf Lebenszeit ausrief, besiegelte er damit sein Schicksal. Eine Gruppe von Verschwörern – angeführt von Brutus – ermordete ihn mit 23 Dolchstichen während einer Senatssitzung am 15. März 44 v. Chr.

Die Essgewohnheiten von Caesar

Von Sueton wissen wir etwas über die Essgewohnheiten der ersten 12 Caesaren. Über Gaius Iulius Caesar schreibt er, dass er zwar ein luxuriöses Leben führte, aber im Essen und Trinken sehr maßvoll gewesen sein soll. Er trank äußerst wenig Wein und war kein Gourmet.

Von den Römern ist uns etwas erhalten geblieben, was uns den perfekten Einblick in die (gehobenen) römischen Ernährungsgewohnheiten der Kaiserzeit bietet: eine Sammlung von ca. 400 Kochrezepten, De re coquinaria, die auf Caelius Apicius zurückgeführt wird. Der Text stammt aus dem 3. oder 4. Jahrhundert n. Chr. Obwohl das Werk die Ernährungsgewohnheiten der Kaiserzeit offenlegt, kann man diese Speisen durchaus auf die Zeit von Gaius Iulius Caesar anwenden, da er ja knapp vor dem Beginn der Kaiserzeit lebte.

<table>
<tr>
<td></td>
<td>Gaius Julius Caesar, genannt Grüner Cäsar. Grüner Schiefer, Augen neuzeitlich aus weißem Marmor; Altes Museum in Berlin

(https://en.wikipedia.org/wiki/Julius_Caesar#/media/File:Caesar-Altes-Museum-Berlin.jpg)</td>
</tr>
</table>

Brotaufstrich Moretum

Für das vorliegende Buch wählte der Autor ein einfaches Gericht aus, dessen Rezept für durch ein Vergil zugeschriebenes lateinisches Gedicht im Umfang von 122 Hexametern unter dem Titel Moretum in der sogenannten Appendix Vergiliana überliefert ist. Moretum ist eine Art Pesto, bestehend aus Schafskäse, Olivenöl, Weißweinessig, Salz, Knoblauch, Selleriegrün, Weinraute und Koriander. Es wurde zu frisch gebackenem Brot gegessen. Der Name „Moretum“ leitet sich von der mortarium genannten Reibschale ab, in der man es ursprünglich zubereitete.

Zutaten: Für etwa 10 Portionen benötigt man:
300 Gramm Schafskäse
2 Knoblauchzehen
2 Selleriestangen
2 Esslöffel Weinraute
2 Esslöffel Korianderblätter
2 Esslöffel Olivenöl
1 Esslöffel Rotweinessig

Die Zubereitungszeit beträgt 30 Minuten.

Die Zubereitung:

Knoblauch, Sellerie und Koriander fein hacken. Mit den übrigen Zutaten vermischen und daraus kleine Bällchen formen.

Moretum eignet sich hervorragend als Brotaufstrich; (https://commons.wikimedia.org/wiki/File:Moretum_cum_pane.jpg)

Attila

Attila wurde um 406 geboren und starb um 453. Er war ein Herrscher der Hunnen, welches ein Sammelbegriff für eine Gruppe der zentralasiatischen Reitervölker mit nomadischer, später halbnomadischer, Lebensweise war. Ihre genaue Herkunft und Ethnizität sind in der modernen Forschung allerdings umstritten. Um das Jahr 370 herum fielen die Hunnen über einen Großteil von Ostmitteleuropa her. Sie eroberten die Gebiete germanischer Stämme und vertrieben viele andere aus ihrem wachsenden Territorium. Ihr berüchtigtster Anführer, Attila, gab sich alle Mühe, diesem Ruf gerecht zu werden. Zwischen 435 und 440 führte Attila die Hunnen durch einen Großteil Europas. In den Jahren zwischen 441/42 und 447 verwüstete Attila weite Teile des grenznahen römischen Balkanraums und eroberte unter anderem die Städte Singidunum, Serdica und Ratiaria. Attila zog im Frühjahr 451 gegen Westrom: Er marschierte in Gallien auf seinen einstigen Verbündeten Flavius Aëtius, den weströmischen magister militum per Gallias und mächtigsten Mann des Westreichs. Attila zog 452 nach Italien und verwüstete mehrere Städte (u. a. Aquileia). Unterwegs plünderte er unermüdlich alles auf seinem Weg und verdiente sich damit einen Ruf als „Geißel Gottes“, dessen Untertanen unaussprechliche Gräueltaten verübten, wo immer sie auch hinkamen. Attila starb 453 in seiner Hochzeitsnacht mit Ildico.

Attila als der erste ungarische König in Pictum Chronik um 1360

(https://commons.wikimedia.org/wiki/File:Attila_(Képes_krónika).jpg)

Reitervölker lieben zwar ihre Pferde, aber dennoch essen sie auch Pferdefleisch, welches sehr bekömmlich ist und oberdrein auch je nach Zubereitungsart vorzüglich schmeckt. Ein einfaches Gericht ist das Pferdefleischgulasch.

Pferdefleischgulasch

Zutaten: Für vier Personen benötigt man:

1 Kilogramm Fleisch vom Pferd, aus der Oberschale 4 Schalotten 3 Paprikaschoten (2 rot, 1 grün) 200 Milliliter trockenen Rotwein	200 Milliliter Naturjoghurt 2 Teelöffel Tomatenmark 1 gestrichenen Teelöffel getrockneten Thymian 1 gestrichenen Teelöffel edelsüßes Paprikapulver	Cayennepfeffer Salz Zucker Butterschmalz oder Öl zum Braten Etwas dunklen Saucenbinder

Zubereitungszeit: Vorbereitung bis zu 20 Minuten, Kochzeit bis 2 Stunden.

Zubereitung:

Die Schalotten abziehen und in dünne Streifen schneiden. Die Paprikaschoten waschen, entkernen und die weißen Trennhäute entfernen, in Rauten oder ähnliche mundgerechte Stücke schneiden. Dann das Fleisch waschen, mit Küchenkrepp trocken tupfen und in 3 bis 4 cm große Würfel schneiden, mit Salz, Pfeffer und Paprika überstreuen und wenden, damit das Fleisch rundherum gewürzt ist. Nun Öl oder Butterschmalz im Bräter erhitzen, das Fleisch darin kräftig anbraten, dann herausnehmen. Im Bratfett nun die Zwiebelstreifen anbräunen, dann die Paprikastücke zufügen und ebenfalls kurz anbraten. Zuletzt das Tomatenmark in den Bräter geben und noch kurz durchrösten, dann mit Wein ablöschen. Das Fleisch wieder in den Bräter geben, Thymian und 1 Prise Zucker zufügen, eventuell noch etwas mit Salz, Pfeffer und Paprika nachwürzen. Alles einmal gut durchrühren, dann die Hitze reduzieren, einen Deckel auf den Bräter setzen und alles etwa 1,5 Stunden schmoren, dabei ab und zu umrühren, im Bedarfsfall etwas Flüssigkeit nachfüllen. Zum Schluss den Joghurt einrühren und die Sauce mit etwas Saucenbinder andicken.

(https://upload.wikimedia.org/wikipedia/commons/1/19/2009-09-gulasch-pörkölt-paprikas-2.jpg)

William the Conquerer
William, Beiname Wilhelm der Eroberer oder Wilhelm der Bastard oder Wilhelm von der Normandie, wurde um 1028 geboren und starb 1087. Er war ab 1035 Herzog der Normandie und ab 1066 König von England.

Bedeutend für sein weiteres Leben war das Jahr 1066, welches ihm den Ruhm einbrachte, ein geschickter Feldherr zu sein. Als König Eduard am 5. Januar 1066 kinderlos starb, wurde Harold von den englischen Magnaten als König akzeptiert, und Wilhelm, der ebenfalls Ansprüche auf den englischen Thron erhob, entschied sich für den Krieg. Er ging jedoch vorsichtig vor und unternahm zunächst Schritte, um sein Herzogtum zu sichern und internationale Unterstützung für sein Unternehmen zu erhalten. Er wandte sich auch in Rom an den Papst und erhielt den Segen für die Invasion. Er rief auch Freiwillige auf, sich seiner Invasionsarmee anzuschließen, und gewann zahlreiche Rekruten auch außerhalb der Normandie. Die Ereignisse überholten jedoch William, da andere sich schneller bewegten. Im September schloss sich Harolds verbannter Bruder Tostig dem norwegischen König Harald III. Hardraade bei einer Invasion der Küste Northumbriens in England an. Obwohl der Angriff von Tostig und Harald letztlich erfolglos blieb, hatte er erhebliche Auswirkungen auf den Erfolg von Wilhelms Invasion im Süden.

Im August hatte Wilhelm seine Armee und seine Flotte an der Mündung des Dives River versammelt. Zu diesem

Zeitpunkt beabsichtigte er wahrscheinlich, genau nach Norden zu segeln und über die Isle of Wight und Southampton Water in England einzudringen. Aber widrige Winde hielten seine Flotte auf und im September trieb ein Weststurm seine Schiffe den Ärmelkanal hinauf. Wilhelm gruppierte seine Truppen bei Saint-Valéry an der Somme neu. Am 27. September, nach kaltem und regnerischem Wetter, drehte der Wind zu Williams Gunsten. Wilhelm schiffte sich mit seiner Armee ein und segelte zur Südostküste Englands. Die Reise verlief nicht ohne Zwischenfälle: Williams Schiff verlor den Kontakt zum Rest der Flotte, aber er beruhigte seine Mannschaft, indem er speiste, als wäre er zu Hause, und nicht lange danach wurde Kontakt zu den anderen Schiffen hergestellt. Am nächsten Morgen landete er, nahm die widerstandslosen Städte Pevensey und Hastings ein und begann, einen Brückenkopf mit 4.000 bis 7.000 Mann Kavallerie und Infanterie zu organisieren. Am 13. Oktober tauchte Harold aus dem Wald auf, aber es war zu spät, um nach Hastings vorzudringen, und er nahm stattdessen eine Verteidigungsstellung ein. Früh am nächsten Tag, noch bevor Harold seine Truppen auf den Kampf vorbereitet hatte, griff William an. Die englische Phalanx hielt jedoch gegen Wilhelms Bogenschützen und Kavallerie stand. Das Versäumnis, die englischen Linien zu durchbrechen, verursachte Unordnung in der normannischen Armee. Als Williams Kavallerie verwirrt floh, verließen Harolds Soldaten ihre Stellungen, um den Feind zu verfolgen. Wilhelm sammelte jedoch die fliehenden Reiter und sie drehten sich um und schlachteten die Fußsoldaten ab, die sie verfolgten. Bei zwei aufeinanderfolgenden Gelegenheiten täuschten Williams Reiter einen Rückzug vor, was Harolds Soldaten täuschte, die dann von ihren Gegnern getötet wurden. Harolds Brüder wurden ebenfalls früh in der Schlacht getötet. Gegen Einbruch der Dunkelheit fiel der König selbst, nach normannischen Berichten von einem Pfeil ins Auge getroffen, und die Engländer gaben auf. Williams Coolness und Hartnäckigkeit sicherten ihm den Sieg in dieser schicksalhaften Schlacht. Er ging dann schnell gegen mögliche Zentren des Widerstands vor, um das Auftauchen eines neuen Führers zu verhindern. Am Weihnachtstag 1066 wurde er in der Westminster Abbey zum König gekrönt. Formal gesehen hatte die normannische Eroberung Englands stattgefunden.

	Wandteppich von Bayeux: (https://commons.wikimedia.org /wiki/File:William_the_Conqueror_(TFA).jpg)

William soll besonders gerne **Neunauge, scharf gewürzt** gegessen haben.

Zutaten: Für 6 Portionen benötigt man:

1 Lamprete, lebend, zirka 2 kg auch Neunauge genannt	4 Knoblauchzehen
100 Milliliter Öl	850 Gramm roher Schinken, am Stück
100 Gramm Butter	2 Esslöffel Mehl
700 Milliliter Bordeaux	1 Tasse(n) klare Suppe
40 Milliliter Armagnac	2 Nelken
6 Schalotten	1 Bund Suppengrün
12 Zwiebel	6 Scheibe(n) Roggenbrot
15 Poreestangen	Salz
	Pfeffer (frisch gemahlen)

Zubereitungszeit: 30 bis 60 Minuten.

Zubereitung:

Das Neunauge am Kopf aufhängen und den Schwanz zurechtschneiden. Das Blut in einer Backschüssel auffangen. Wenn nach ca. 30 Min. kein Blut mehr fließt, die Lamprete eine Minute in heißes Wasser legen. Als Nächstes die Haut mit einem Küchenmesser reinigen. Etwa 4 cm dicke Scheibchen schneiden. Die mittlere Schnur entfernen und die Scheibchen in das Blut legen.

Porree reinigen und nur das harte Grün abschneiden. Im Öl weichdünsten, häufig schonend rühren. Den gewürfelten Schinken, die dünn geschnittenen Schalotten und die abgeschälten Zwiebeln hinzufügen. Wenn alles zusammen goldbraun ist, mit Mehl bestäuben und rühren. Nelken, Wein, klare Suppe und Suppengrün kommen nun dazu.

Salzen, Pfeffern und weiter rühren. Zwei zerdrückte Knoblauchzehen hinzufügen, aufwallen lassen, bedecken. Die Fleischscheiben hinzufügen, bedecken und 45 min auf kleiner Flamme sieden. Die Scheibchen herausnehmen und mit dem Armagnac flambieren. in das Blut eine gr. Tasse Soße von dem flambierten hinzufügen, bis das Blut beigemischt ist. Butter hinzufügen und die Soße zurück in die Bratpfanne gießen, Fischscheiben hinzufügen, 10 Min. abgedeckt leicht wallen. Inzwischen das Brot rösten und mit dem restlichen Knoblauch einreiben.

Serviervorschlag mit Reis; (https://commons.wikimedia.org/wiki/File:Lampreia_(lamprey).jpg)

Batu Khan

Batu Khan, oder auch Batu der Prächtige, wurde 1205 geboren und starb 1255. Er war der zweitälteste Sohn von Dschingis Khans ältestem Sohn Dschötschi. Da sein älterer Bruder Orda zugunsten seines jüngeren Bruders auf das Erbe verzichtete wurde Batu der Herrscher.

Die Vorgangsweise, dass der Zweitgeborene das Erbe antreten solle, war möglicherweise auch von der Idee mitgetragen, dass man Batu mit der großen Westoffensive betraut, auch von dem Wunsch getragen wurde, ihn auf diesem Wege aus dem Zentrum des Mongolenreiches zu entfernen. Batu zeigte dabei seine großen Fähigkeiten als Heerführer. Systematisch bereitete Batu seinen Feldzug vor. Bis zu 140.000 Soldaten wurden zusammengezogen, dazu Diener, Sklaven, Frauen, Kinder, vielleicht mehr als eine halbe Million Menschen, sowie Millionen Pferde, Schafe, Ziegen. Im Grunde war es ein ganzes Volk, das sich unaufhaltsam durch die eurasische Steppe nach Westen wälzte.

Bei der Eroberung von Territorien ging es Schlag auf Schlag. Das erste Opfer wurden 1236 die Wolgabulgaren. Darauf folgten die Kumanen. Ende 1238 begann der Angriff auf das Kiewer Reich. Die Mongolen belagerten die russischen Städte. Eine nach der anderen. Insgesamt sollen 49 von 72 Städten mehr oder weniger zerstört worden sein. Am Leben blieb nur der, der sich freiwillig ergab, wer sich widersetzte, wurde ausgelöscht. Handwerker und andere Spezialisten jedoch wurden verschont und nicht selten ins

Reich deportiert. Nach einer kurzen Pause wurde 1240 Kiew belagert und eingenommen. Der päpstliche Gesandte Plano Carpini, der 1246 die Trümmer besuchte, fand nur noch 200 belebte Höfe vor. Von den 36.000 bis 50.000 Einwohnern sollen nur 2000 mit dem Leben davongekommen sein.

Batu zog weiter nach Westen und eroberte Galizien. Dort teilte er sein Heer. Der eine Flügel marschierte bis nach Schlesien, wo im April 1241 Herzog Heinrich II. bei Liegnitz (Legnica) Schlacht und Leben verlor. Der andere Flügel verwüstete Ungarn. Nach der Verwüstung Ungarns zog Batu wieder in den Osten ab und verschonte Westeuropa, da in Karakorum der Großkhan Ögedei gestorben war, und Batu wollte bei der Wahl eines Nachfolgers mitmischen. Da Batu seinen Neffen, den Sieger Möngke, unterstützte, konnte er seine Herrschaftsbasis im Westen ausbauen. Aus ihr ging das Khanat der Goldenen Horde hervor, die bald ein Eigenleben entwickelte. Ein weiterer Grund für Batu, den Westen Europas zu verschonen, dürfte in seiner Heeresorganisation gelegen haben. Die riesigen Herden wollten ernährt werden, was jenseits der Steppe kaum möglich war. Auch die Goldene Horde errichtete ihr Zentrum in der Steppenzone und begnügte sich mit Tributzahlungen und Strafexpeditionen.
Batu Khan war dabei der wichtigste Widersacher Güyük Khans, dessen Thronbesteigung als Großkhan er bis 1246 hinauszögern konnte. Zwischen Batu Güyük Khan kam es 1248 zu einer offenen Auseinandersetzung. Allerdings starb sieben bis zehn Tagesmärsche vor der militärischen

Auseinandersetzung mit Batu Khan Güyük. Nach dem Tod Güyük Khans unterstützte Batu Khan Möngke Khan (1209 - 1259) als möglichen Großkhan, aber die diesbezüglichen Verhandlungen und Intrigen zogen sich bis 1251 hin. Schließlich wurde er gewählt und festigte seine Macht, indem er die Thronanwärter des Hauscs Ögedei Khans nach einer Verschwörung entmachten und verbannen oder hinrichten ließ. Batu Khan wurde Möngkes Mitregent und blieb von dessen Verwaltungsmaßnahmen weitgehend verschont, was mittelfristig die Spaltung des Mongolenreiches begünstigte. Batu starb 1255.

Berichte aus dem Jahr 1240 über die Ankunft der Mongolen in Moskau erwähnen auch Kaviar-inspirierte Geschichten. Insbesondere einer davon beschreibt, wie der Anführer der Mongolen, Batu Khan, ein orthodoxes Kloster in Uglich, nördlich von Moskau besucht. Die dort ansässigen Mönche, bemüht ihren neuen Oberherrn zu beeindrucken, bereiteten ein Festessen für seine Begleiter, wobei das letzte Gericht heiße Apfelkonserven bedeckt mit gesalzenen Störeiern war! Es muss Batu Khan geschmeckt haben, denn das Kloster war eines der wenigen, das nicht von seinen Männern zerstört wurde.

	Büste Batu Khans in Kayseri (https://commons.wikimedia.org/wiki/File:Batuhan.JPG)

Rote Bete (Rüben) - Salat mit Äpfeln und Kaviar
<u>Zutaten:</u> Für 4 Personen benötigt man:

2 Rote Bete - Knollen (ca. 375 Gramm) 1 Ei 2 Eigelb 1 Prise Salz 1 Prise Zucker	Etwas schwarzen Pfeffer aus der Mühle 1 Teelöffel Senf (Dijonsenf) 1 Teelöffel Zitronensaft	250 Milliliter Öl 3 Esslöffel Crème fraîche 50 g Kaviar 1 Chicorée (ca. 360 Gramm) 3 Äpfel (ca. 500 Gramm)

Zubereitungszeit: ca. 30 Minuten

Zubereitung:

Rote Bete vorsichtig waschen, in kochendem Wasser ca. 40 Minuten garen. Die Schale unter fließendem Wasser ablösen. Das Ei 8 Minuten kochen, abschrecken und pellen,

nach dem Abkühlen achteln. Das Eigelb mit Salz, Pfeffer, Senf, Zitronensaft und einer Prise Zucker verrühren. Das Öl erst tropfenweise, dann in dünnem Strahl mit den Quirlen des Handrührers unterschlagen, bis eine Mayonnaise entstanden ist. Mit Crème fraîche und der Hälfte des Kaviars verrühren. Chicoree halbieren und kurz waschen, das bittere Herz herausschneiden. Blätter in Streifen schneiden. Rote Bete in Stifte schneiden. Äpfel schälen, halbieren, entkernen und in Stifte schneiden.
Alle Zutaten mischen, Sauce vorsichtig unterziehen. Salat mit dem restlichen Kaviar und den Ei-Achteln garnieren.

Serviervorschlag; (Foto: Autor)

König Matthias Corvinus

Matthias Corvinus wurde 1443 als zweiter Sohn von Hunyadi geboren und starb 1490. Er war von 1458 bis 1490 König von Ungarn und von Kroatien, von 1469 bis 1490 (Gegen-) König von Böhmen und Eroberer weiter Teile der Habsburgischen Erblande, die er von 1485 bis 1490 von Wien aus beherrschte.

Der Name Corvinus leitet sich ab von lat. corvus, „der Rabe". Der danach angenommene Beiname Corvinus hat seinen Ursprung in dem Familienwappen seines Geschlechts Hunyadi, das einen Raben zeigt.

Nach seiner Krönung in Stuhlweißenburg erlitt Matthias Corvinus Niederlagen in Bosnien und der Moldau. Von Friedrich III. 1468 zur Verteidigung Österreichs gegen Böhmen zu Hilfe gerufen, gelang es Matthias Corvinus, Mähren, Schlesien und die beiden Lausitzen zu erobern und sich mit Hilfe der katholischen Ständeopposition in Mähren am 3.5.1469 in Olmütz gegen Georg v. Podiebrad zum König wählen zu lassen. Nach dessen Tod (1471) konnte sich Matthias nicht bei der Wahl des neuen böhmischen Königs durchsetzen. Nachdem er allerdings ein jagiellonisches Heeres in Schlesien besiegte, gewann er über die östlichen Kronländer Böhmens. Mit der Rückeroberung der an der Save gelegenen Grenzbefestigung Šabac am 15.2.1476 gelang ihm auch sein letzter großer Sieg gegen die Türken.

In der Folgezeit konzentrierte er sich vornehmlich auf die Auseinandersetzung mit Friedrich III., der mit der Anerkennung Kg. Wladislaws II. als König von Böhmen und Kurfürst des Reiches eine neue jagiellonisch-habsburgische Allianz gegen Ungarn zustande brachte. Matthias neuerlicher Sieg über die Verbündeten trug ihm im Vertrag von Korneuburg 1477 die Anerkennung als böhmischer König durch den Kaiser ein. Schließlich gelang ihm am 1.6.1485 die Eroberung von Wien, wo er sich, mit dem Titel eines „Herzogs von Österreich“, fortan überwiegend aufhielt, um die Eroberung von ganz Niederösterreich zu leiten.

Im Stil der italienischen Renaissance ließ Matthias die Höfe in Buda und Visegrád ausbauen, beschäftigte zahlreiche – vor allem italienische – Künstler und legte die „Bibliotheca Corviniana“ als eine der bedeutendsten Handschriften- sammlungen seiner Zeit an. Unter seinen Hofhistoriographen ist Antonio Bonfini hervorzuheben, der in der für das Zeitalter Matthias‘ bedeutendsten Quelle „Rerum Ungaricarum decades“ die Herkunft der aus dem Komitatsadel aufgestiegenen Hunyaden in Verbindung mit dem römischen Adelsgeschlecht der Corvini brachte.

Abweichend von der bis dahin gängigen Praxis hielt Matthias Corvinus neben der üblichen Adelsarmee ein Söldnerheer. Die erste derartige Armee war 1445 in Frankreich ins Leben gerufen worden. Corvinus’ sogenannte Schwarze Armee (Fekete Sereg) wurde zwischen 1459 und 1460 rekrutiert, bestand aus etwa 8.000 bis 10.000

Soldaten und war die Grundlage seiner Macht. Sie setzte sich hauptsächlich aus nichtungarischen Soldaten zusammen. An ihrer Spitze standen im Laufe der Zeit mehrere berühmte Heerführer wie Balázs Magyar, István Báthory oder der walachische Fürst Vlad Țepeș, die Serben Jakšić und Branković, der türkische Thronanwärter Bajezid Callixtus Ottomanus sowie der ungarische Edelmann Pál Kinizsi. Er war es auch, der nach Corvinus' Tod 1494 die plündernden Reste der Schwarzen Armee zerschlug. Nach dem Tod des Königs hatte die Truppe keinen Sold mehr erhalten und versucht, sich an der Landbevölkerung schadlos zu halten.

Prächtige Feste von König Matthias

Die spektakuläre Dekoration, die Trompeten, die den Beginn des Essens markierten, der frische Fisch, das in würzigen Saucen eingelegte Fleisch, die köstlichen Kuchen und die wunderschön dekorierten Tische machten jede Mahlzeit zu einem erhabenen gesellschaftlichen Ereignis am Hof von König Matthias. Bei Matthias' Festen waren Fische ein beliebtes Gericht, vor allem Aale, Forellen und Hechte. Neben dem aktuellen Huhn-Pute-Schwein-Trio wurden Gerichte aus einer viel größeren Vielfalt an Fleischsorten zubereitet, die mit reich gewürzten Saucen serviert wurden: Neben Rindern waren auch gemästete Pfauen, Schafe, Ziegen, Gänse und Enten beliebt. Das Fleisch wurde mit Knoblauch und Zwiebeln gewürzt, was zu dieser Zeit üblich war, aber auch Safran, italienische Nüsse, Pfeffer, Ingwer, Anis und Dill wurden oft zu Gerichten hinzugefügt.

	(https://commons.wikimedia.org/wiki/File:Andrea_Mantegna_-_King_Matthias_Corvinus_of_Hungary.jpg)

Gänsebraten

Zutaten für 8 Portionen:

1 Stück rund 4,5 kg Gans
4 Esslöffel Salz
1 Prise Pfeffer
4 Stück säuerliche Äpfel
1 Zweig Majoran (frisch oder getrocknet)
2 Stück Zwiebeln
1 Teelöffel Speisestärke zum Binden

Zubereitungszeit: 240 Minuten Gesamtzeit, 20 Minuten Zubereitungszeit, 220 Minuten Koch- und Ruhezeit.

Zubereitung:

Für den knusprigen Gänsebraten den Backofen auf 180 °C, Ober-/Unterhitze vorheizen. Von der Gans den Flomen (Fett) entfernen. Die Gans innen und außen gründlich waschen und mit Küchenpapier sorgfältig trocken tupfen.

Die Äpfel und die Zwiebel schälen und in mittelgroße Würfel schneiden. Nach Geschmack mit Majoran und etwas Salz würzen. Damit die Gans füllen. Öffnungen mit den Holzspießchen verschießen, damit später nichts herausfällt.

Mit dem Küchengarn nun die Keulen des Vogels locker zusammenbinden. Die Haut kräftig und vollständig mit reichlich Salz einreiben. Nun die Gans mit der Brustseite nach unten in einen großen Bräter oder auf ein tiefes Backblech setzen, 200 Milliliter Wasser angießen und auf die unterste Schiene im Ofen schieben, 30 bis 40 Minuten bei Ober- und Unterhitze garen.

Nach dieser Zeit die Gans wenden und insgesamt weitere 2 ½ Stunden zu Ende garen. Dabei etwa alle dreißig Minuten mit dem ausgetretenen Fett begießen. So bleibt das Fleisch saftig und die Haut wird knusprig. Eine Viertelstunde vor dem Servieren die Temperatur des Backofens auf 230 °C für eine schöne Bräune erhöhen.

Danach das Backblech aus dem Ofen holen, die Gans herausnehmen und bei 140 °C in einem anderen Behälter warmhalten. Bratensaft und -fett abgießen. Das Fett setzt sich nach kurzer Zeit oben ab. Dann abschöpfen. Den Rest der Sauce mit etwas Speisestärke abbinden und auf dem Herd noch einmal kurz aufkochen und eventuell noch mit Salz und Pfeffer abschmecken. Jetzt die Gans auf eine große Servierplatte setzen, tranchieren und gemeinsam mit der Sauce und der Füllung servieren. Dazu passen die

Klassiker Rotkraut und Kartoffelknödel perfekt.

Apfelrotkraut	*Kartoffelknödel*
Zutaten für 4 Portionen: 2 Esslöffel Butter 1 Stück Gewürznelke 1 Stück kleiner Rotkrautkopf 1 Stück Lorbeerblatt 1 Teelöffel Salz 1 Stück Zwiebel 2 Stück Äpfel 1 Prise Pfeffer	Zutaten für 4 Portionen 300 Gramm Kartoffeln (mehlige Sorte) 40 Gramm Kartoffelstärkemehl ½ Prise Salz ; ½ Prise Pfeffer ½ Prise Muskat; 1 Stück kleines Ei 1 Teelöffel Butter
45 Minuten Gesamtzeit (20 Minuten Zubereitungszeit und 25 Minuten Koch- und Ruhezeit. Kraut fein hobeln, Zwiebel schälen und fein hacken. Äpfel entkernen und würfeln. Zwiebel in Butter anschwitzen, Rotkraut zugeben und ca. 5 Minuten unter Rühren dünsten. Äpfel und Gewürze beigeben, nach Bedarf mit Was-	40 Minuten Gesamtzeit (10 Minuten Zubereitungszeit und 30 Minuten Koch- und Ruhezeit. Die Kartoffeln mit der Schale in den gelochten Garbehälter des Dampfgarers geben und 20 Minuten dämpfen lassen. Die Kartoffeln schälen, durch die Kartoffelpresse drücken und mit Stärkemehl, Salz, Ei, Butter, Pfeffer und Muskat verrühren.

ser aufgießen und zugedeckt ca. 20 Minuten garen.	Anschließend aus der Masse 8 gleichgroße Knödel formen, in den gelochten Garbehälter des Dampfgarers geben und 20 Minuten dämpfen lassen.

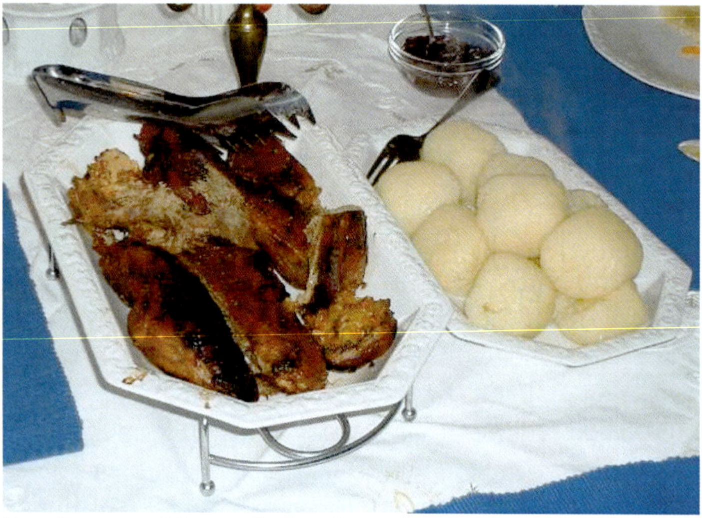

Serviervorschlag; (https://commons.wikimedia.org/wiki/File:Goose_roasted.JPG)

Francisco Pizarro González

Francisco Pizarro González wurde 1476 oder 1478 geboren und starb 1541. Er war ein spanischer Konquistador, der zusammen mit seinen drei Halbbrüdern und seinem Partner Diego de Almagro das Reich der Inka eroberte.

1509 geht Pizarro auf seine erste Entdeckungsfahrt an die südamerikanische Küste. 1513 begleitet Francisco Pizarro Vasco Nuñez de Balboa auf dessen Zug über den Isthmus von Darién (Isthmus von Panama). Dabei lernt er die Mechanismen der Machtspiele und Intrigen kennen, die überall in Spaniens neuen Kolonien im Gange sind. Seine ersten Erkundungsreisen, die Francisco Pizarro ab 1524 entlang der pazifischen Küste Südamerikas unternimmt, bringen mehr Fehlschläge als Erfolge. Durch Krankheiten und Kämpfe mit Indianern sterben mehr als zwei Drittel seiner Leute, die Verbliebenen sind zerlumpt und durch Hunger bis auf die Knochen abgemagert. Eine Reise führt ihn schließlich nach Tumbes, einer Küstenstadt mit Gold- und Silberschmieden, mit Speiseschüsseln aus Gold und Silber, mit Tempeln funkelnd vor Gold und Silber. Sie gibt Pizarro eine Ahnung von der Kultur, die im Inneren Perus herrscht. Pizarro erkennt allerdings, dass seine Mittel nicht reichen, um den Staat der Inka in die Knie zu zwingen. Zerknirscht und verschuldet kehrt er Anfang 1528 nach Panama zurück. Doch noch im selben Jahr bricht er nach Spanien auf, um König Karl V. für seinen Eroberungszug zu gewinnen.

Pizarro ist schon über 50, als er zu seinem großen Schlag

ausholt. Im Januar 1531 bricht er von Panama mit drei Schiffen, 37 Pferden und 180 Mann auf. 1532 landet er wieder in Tumbes. Die Stadt ist gezeichnet von Kämpfen. Ohne es zu ahnen, dringt Pizarro ins Inka-Reich zu einem Zeitpunkt ein, der für ihn am günstigsten ist: Zwischen Huáscar und Atahualpa, den Söhnen des 1527 verstorbenen Inka-Herrschers Huayna Capac, sind Thronstreitigkeiten ausgebrochen. Atahualpa hat sie zu seinen Gunsten entschieden. Der Dynastie aber sind schon Wunden geschlagen.

Auf breiten, gut befestigten Straßen, vorbei an Unterkunftshäusern, die im Abstand von Tagesetappen stehen, zieht Pizarro im Sommer 1532 hoch ins Gebirge. Atahualpa erholt sich zu dieser Zeit an den heißen Quellen bei Cajamarca von seinen Kämpfen. Er hat ein Gefolge von 40.000 bis 50.000 Kriegern um sich. Doch er lässt die Spanier ohne Gegenwehr nach Cajamarca ziehen, das umrahmt von Bergen auf 2.750 Meter Höhe liegt. Als Atahualpa mit ihnen am 16. November 1532 zusammentrifft, fordern sie ihn umgehend auf, sich dem spanischen König zu unterwerfen. Der Dominikanerpater Vincente Valverde reicht ihm eine Bibel und sagt, sie enthalte die Worte des einzig wahren Gottes. Der Inka aber kennt keine Schreibschrift und wird von seinem Volk selber als Gott verehrt. Er hält, in seiner Sänfte sitzend, die Bibel ans Ohr, und als er nichts hört, wirft er sie auf den Boden. Gleich darauf kracht die erste Salve, eine halbe Stunde lang dauert das Gemetzel. Atahualpa fällt Pizarro in die Hände. Die Indianer sind fassungslos: Sie haben ihren Gott stürzen sehen.

Um wenigstens sein Leben zu retten, spricht Atahualpa die einzige, aber dafür große Schwäche der Spanier an. Er geht mit Pizarro in eine sieben Meter lange und fünf Meter breite Halle. Für seine Freilassung, so verspricht er, werde er diesen Raum mit Gold füllen, so hoch er mit seiner Hand reichen könne – und er zieht mit dem Arm, gut zwei Meter über dem Boden, eine Linie an den Wänden entlang. Pizarro stimmt zu. In den folgenden Monaten werden auf Befehl des Inka-Königs Schätze aus dem ganzen Reich herbeigeschafft und zu Barren geschmolzen.

Nun hat Pizarro das Gold. Atahualpa ist ihm nur noch im Weg. Der Spanier bricht sein Wort und inszeniert gegen ihn einen Prozess, bei dem Pizarro und Almagro selber als Richter fungieren. Die konstruierte Anklage lautet auf zwölf Delikte, darunter Anstiftung zum Aufstand, die Ermordung Huáscars, Missbrauch von Staatsgeldern, Ehebruch und Götzendienst. Selbst ein Dutzend Leute aus den eigenen Reihen protestieren gegen diese Farce. Doch das vorhersehbare Urteil wird gesprochen: Tod durch Verbrennen. Am 29. August 1533 wird Atahualpa nach Sonnenuntergang bei Fackelschein zum Scheiterhaufen getragen. In letzter Minute ist er bereit, sich auf den Namen Juan de Atahualpa christlich taufen zu lassen – so stirbt er nicht im Feuer, sondern im Würgeisen, wie ein gewöhnlicher Verbrecher. Am 15. November 1533 zieht Pizarro in die Inka-Hauptstadt Cuzco ein. Pizarro residiert als Vizekönig in der neuen Hauptstadt Ciudad de los Reyes (dem späteren Lima), die er 1535 an der Küste gegründet hat.

(https://upload.wikimedia.org/wikipedia/commons/9/91/Portrait_of_Francisco_Pizarro.jpg)

Cuy chactado (Cuy = Meerschweinchen; Das Wort „chactado“, ein Wort aymaraischen Ursprungs, bezieht sich seinerseits auf eine Methode, bei der bestimmte Speisen zubereitet werden, indem sie unter ein Gewicht gedrückt werden, das im Allgemeinen von einem voluminösen Stein ausgeübt wird, der sowohl als Deckel als auch als Gegenstand dient, dass sie ganz bleiben und ihre Form behalten.)

Zutaten: Für 4 Person benötigt man folgende Zutaten:

2 Meerschweinchen (ohne Fell, nicht enthäutet, ausgenommen & gereinigt) 12 Kartoffeln	100 Milliliter Wasser 100 Gramm geröstete Erdnüsse 100 Gramm salzige Cracker	300 Milliliter Salsa-Sauce 2 Knoblauchzehen Salz und Fett zum Braten

Zubereitungszeit: Zubereitung des Meerschweinchens ca. 30 Minuten.

Zubereitung:
Man bestreicht das Meerschweinchen mit Salz, zerdrückt die Knoblauchzehen und gibt sie in 100 Milliliter Salsa-Sauce. Man brät das Meerschweinchen ähnlich wie Hühnerbrust von beiden Seiten in heißem Fett.

Zwischenzeitlich kocht man die Kartoffeln nach bevorzugten Art.
Erdnüsse fein hacken und anrösten.
100 Milliliter Wasser und die restlichen 200 Milliliter Salsa dazugeben. Die Cracker in der Sauce auflösen. Die Sauce sollte nicht zu flüssig sein. Würzen gegebenenfalls mit Tabasco, Salz und Pfeffer.
Man teilt die Meerschweinchen jeweils in zwei Hälften und richtet sie mit den Kartoffeln und der Sauce an.

(https://upload.wikimedia.org/wikipedia/commons/5/5b/Cuy_Peruvian_dish.jpg)

Hernán Cortés

Hernán Cortés de Monroy y Pizarro Altamirano wurde 1485 geboren und starb 1547. Er war ein spanischer Konquistador, welcher mit Hilfe seiner indianischen Verbündeten das Aztekenreich und dessen Hauptstadt Tenochtitlan eroberte.

Im Frühjahr 1519 landet Hernán Cortés mit elf Schiffen und etwa 500 bis 600 Mann an der Atlantikküste Mittelamerikas, im heutigen Mexiko. Als die hellhäutigen Fremden ankamen, nahm der Aztekenherrscher Montezuma sie freundlich auf und überhäuft die Spanier mit kostbaren Geschenken. Er soll von der Kriegskunst der Konquistadoren, die mit ihren Feuerwaffen und ihren Pferden Angst und Schrecken verbreitet, geblendet gewesen sein und habe im Bann alter Prophezeiungen gestanden, die von der Ankunft der Fremden als göttliche Gesandte kündeten.

Die Azteken glaubten, dass einer ihrer Götter wiedergekehrt sei, denn so erzählte es eine Legende. Gutgläubig wurden die Fremden herzlich empfangen.

Cortés forderte immer mehr Zugeständnisse, Gold und Schmuck wurden den Spaniern ausgeliefert. Als die Spanier bei einem großen Fest jedoch begannen, die Azteken niederzumetzeln, brach Widerstand aus. Die Azteken belagerten den Palast, den Cortés eingenommen hatte, schleuderten Pfeile und Speere. Da die Lage der Spanier immer aussichtsloser wurde und ihnen die Vorräte ausgingen, ließ Cortés Moctezuma auf das Dach des Palastes bringen, um die wütende Menge zu beruhigen. Moctezuma wurde von seinen eigenen Untertanen durch Steinwürfe angegriffen. Einige Tage später starb er. Nach dem Tod von Moctezuma flohen die Spanier. Fast drei Viertel der zum Teil schwer mit Beute beladenen Spanier und eintausend Tlaxcalteken wurden beim Versuch, die Stadt zu verlassen, getötet. Etwa 270 Spanier, die in einem anderen Stadtteil untergebracht worden waren, wurden nach Cortés' Flucht aufgegriffen und den aztekischen Göttern geopfert. Diese Niederlage der Spanier ging später als Noche triste („die traurige Nacht" oder „die Nacht der Tränen") in die Geschichte ein.

An der Küste fand Cortés aber Verstärkung und kam 1521 erneut nach Tenochtitlan. Diesmal belagerte er die Stadt, bis sie aufgab. Es waren allerdings nicht die Europäer, die Tenochtitlan eroberten, sondern eine Allianz aus Dutzen-den von Städten und Regionen, die sich, angeführt vom Volk der Tlaxcalteken und vom Stadtstaat Texcoco, gegen die Azteken erhoben. Nach einer Einschätzung von Historikern waren an der Belagerung rund 200.000 Soldaten beteiligt, wobei der Anteil der Spanier weniger als ein Prozent betrug. Die Bauten der Azteken wurden vernichtet. Das eroberte Gebiet wurde zur spanischen Kolonie mit Cortés als erstem Statthalter.

	(https://upload.wikimedia.org/wikipedia/commons/9/9c/Hernán_Cortés_Monroy_y_Pizarro.jpg)

Cortés wurde in Mexiko zum ersten Mal mit dem Göttergetränk **Xocolatl** (Schokolade) konfrontiert. Bei den Mayas und den Azteken wurde Kakao als bitteres Getränk zubereitet, das auf aztekisch Xocolatl (von xoco ‚bitter‘ und atl ‚Wasser‘) genannt wurde. Xocolatl ist auch sprachlich der Ursprung unseres Wortes Schokolade. Die Entwicklungsgeschichte von Schokolade beginnt in Zentralamerika, wo der Kakaobaum seinen Ursprung hat. Bereits seit ca. 1.500 v. Chr. wurde Kakao in der Kultur der Olmuken genutzt. Seine Bedeutung breitete sich schnell auf die verschiedenen Hochkulturen Zentral- und Südamerikas aus. Kakao diente nicht nur als Zahlungsmittel, sondern auch als Heilmittel. Ganz besondere Bedeutung erlangte der Kakao in religiösen Ritualen, wo er gleichbedeutend dem Blut eingesetzt wurde. Die Mayas und Azteken mischten Kakao nur mit warmen Wasser und verschiedenen Gewürzen (wie Pfeffer, Chili oder Vanille). Dieser kräftigende und anregende Drink war kostbar und somit nur den Königen, Priestern und Kriegern vor wichtigen Schlachten vorbehalten.

(https://commons.wikimedia.org/wiki/File:Mujer_vertiendo_chocolate_-_Codex_Tudela.jpg)

Francis Drake

Sir Francis Drake wurde um 1540 geboren und starb 1596. Er war ein englischer Freibeuter und Entdecker, später Vizeadmiral und der erste englische Weltumsegler. Francis Drake hatte offenbar ein halbes Dutzend Seelen in seiner Brust. Er war zum Seefahrer und Entdecker geboren, aber auch zum Piraten und Plünderer. Er ist ein verwegener Draufgänger, aber auch ein listiger Stratege. Und schließlich ist Francis Drake gar ein Mann der feinen Lebensart.

Englands Königin Elisabeth I. sieht das Treiben von Francis Drake mit Freude, denn die Engländer zeigen den Spaniern mit ihrer Taktik die Grenzen auf. Drake legt sich wendige Pinassen zu, kleine Boote mit Segeln, Rudern und wenig Tiefgang. Sie können bis an die Küste heranfahren und sich so der Verfolgung durch Schiffe entziehen. So beginnt Drake, die Kolonialhäfen der Spanier in Amerika zu plündern. Drake wird dadurch bald ein reicher Mann.

1577 läuft Drake mit einer Flotte mit fünf Schiffen aus Plymouth aus. Francis Drake hat das Ziel einer Weltumsegelung. Die Reise führt entlang der südamerikanischen Küste bis nach Feuerland. Danach umfährt er mit drei Schiffen das Kap Hoorn. Als er den Weg in die Magellanstraße endlich gefunden hat, weiß er, dass die Passage zum Pazifik, die Fernando Magellan entdeckt hat, nicht verschiedene Erdteile trennt, sondern das südliche Ende Südamerikas ist. Nach 16 Tagen ist Drake im Pazifik. Er fährt die gesamte Westküste von Südamerika hoch und wird wieder zum Piraten. Vor Equador kapert Francis Drake die „Nuestra Señora de la Concepción“ auf offener See. Er entkommt mit 26 Tonnen Silber, 40 Kilo Gold sowie Kisten voller Zinn und Juwelen. Vor der heutigen Küste von Costa Rica erbeutet Drake bei einem Überfall geheime spanische Seekarten. Zunächst will er den Kontinent Amerika im Norden queren. Auf Höhe der späteren Grenzen zwischen den USA und Kanada aber dreht Francis Drake um. 37 Tage lang rastet er in einer kalifornischen Bucht, um seine Schiffe zu reparieren. Er setzt die Fahrt auf seinem Hauptschiff „Golden Hind“, inzwischen eine schwimmende Schatzkammer, nach Westen fort und landet auf Ternate in den Molukken. Francis Drake segelt danach weiter um das Kap der Guten Hoffnung und läuft 1580 in Plymouth ein. Die Piratenschätze wandern in den Londoner Tower. Die Königin lässt Drake für seine Taten adeln.

1585 ist er wieder auf See im Auftrag der Queen, als Kommandeur einer Flotte von 29 Schiffen und 2.300 Mann. Er plündert Vigo in Spanien, segelt dann wieder in die Karibik. Dort überfällt er Santo Domingo auf Hispaniola, das Verwaltungszentrum für die spanischen Kolonien, und die Siedlung St. Augustine auf Florida. 1587 dringt Francis Drake gar nach Cádiz auf der Iberischen Halbinsel vor, lässt Schiffe und Werften in Flammen aufgehen. Die Spanier sind bis aufs Blut gereizt.

Als König Philipp II. von Spanien 1588 seine berühmte Armada, eine Kriegsflotte mit 130 Schiffen, 2.630 Kanonen und 30.000 Mann, an Englands Küsten entsendet, mussten die Kriegshelden England von der drohenden Invasion retten. Unter Francis Drakes und Lord Howards Kommando verhindern die Engländer eine Invasion ihrer Insel, fügen den Spaniern schwere Verluste zu und zwingen die Armada zu einem Umweg über Schottland, wo sie in schwere Stürme gerät.

Francis Drake könnte danach seinen Lebensabend genießen, aber es zieht ihn 1595 noch einmal hinaus auf die See. Beim Versuch, mit 750 Mann die Stadt Panama zu erobern, wird er geschlagen und stirbt ein Jahr darauf.

(https://commons.wikimedia.org/wiki/File: Sir_ Francis_Drake_ (post_1580).png)

Die Hauptnahrungsmittel auf hoher See bestanden für Matrosen aus Hard Tack, einem Keks aus Mehl, Wasser und Salz, und mit Wasser verdickte Eintöpfe. Im Gegensatz dazu aßen Kapitäne und Offiziere frisch gebackenes

Brot, Fleisch von lebenden Hühnern und Schweinen und Nahrungsergänzungsmittel wie Gewürze, Mehl, Zucker, Butter, Dosenmilch und Alkohol. Aber es gab auch gesalzenes Rindfleisch, gesalzenes Schweinefleisch und gesalzenen Fisch. Ratten waren eine häufige Plage an Bord von Schiffen und Seeleute jagten sie oft zur Unterhaltung und aßen sie dann, weil sie schön und zart schmeckten. Auch hatten die Schiffe Fanggeräte für Zeiten des Segelns in guten Fanggebieten dabei.

Thunfischsteak

Zutaten für 4 Personen:

Thunfischsteaks (à ca. 175 g)
Salz, schwarzer Pfeffer, etwas Oregano
Saft von einer ½ Zitrone
3-4 Esslöffel Öl
1 Prise Zucker
1 Esslöffel Butter

Zubereitungszeit: Insgesamt 30 Minuten.

Zubereitung: 1–2 Esslöffel Öl in einer großen beschichteten Pfanne erhitzen. Thunfisch darin pro Seite 2–3 Minuten kräftig anbraten, herausnehmen. Mit Butter vermischen und mit Pfeffer würzen.

Als Beilage kann man Reis, Salsa oder eine grüne Beilage dazu servieren.

(https://de.wikihow.com/Thunfischsteak-zubereiten#/Bild Cook-Tuna-Steak-Step-18-Version-2.jpg)

Tokugawa Ieyasu
Tokugawa Ieyasu wurde 1543 geboren und starb 1616. 1603 wurde er zum Shogun ernannt. Ieyasu begann zunächst seine Karriere als Verwalter und Soldat im Dienste anderer Herren. In der Zeit zwischen 1570 war er an vielen Schlachten im Bürgerkriegsjapan beteiligt und konnte nach dem Tode seines Widersachers Toyotomi Hideyoshi 1598 zum entscheidenden Schlag gegen seine Widersacher ausholen.

Am 21. Oktober 1600 standen sich die beiden Seiten in der Schlacht von Sekigahara gegenüber. Diese entscheidende Schlacht beendete die Zeit der Streitenden Reiche, als die Truppen von Tokugawa Ieyasu den Sieg errangen. Offiziere, die Toyotomi Hideyori treu ergeben waren und die Schlacht überlebten, wurden bald gefangen genommen und getötet. Eine Woche später wurden die abgeschlagenen Köpfe der Besiegten als Warnung an einer Allee in der kaiserlichen Hauptstadt Kyoto an Bäumen aufgehängt. In den nächsten drei Jahren festigte Tokugawa seine Macht und etablierte sich schließlich 1603 als Shogun, der erste in einer Dynastie, die die Geschicke Japans bis 1868 bestimmen sollte.

Edo, das heutige Tokio, wurde unter der Herrschaft von Tokugawa Ieyasu und seinen Nachfolgern schrittweise zur neuen Hauptstadt Japans entwickelt. Ieyasu verringerte auch die Möglichkeit einer Rebellion, indem er verhinderte, dass ein Daimyo mehr als eine Festung in seinem Lehen hatte. Die Politik, die von seinen Nachfolgern institutionalisiert wurde, führte zur Zerstörung von mehr als 600 Festungen und Zitadellen in ganz Japan. Im Gegensatz dazu wurde die große Tokugawa-Festung in Edo immer größer. Für die Erweiterung wurden hochwertige Materialien verwendet, die aus den abgerissenen Gebäuden im Besitz der Daimyo geborgen wurden. Aber die vielleicht effektivste Methode, die großen Feudalherren unter Kontrolle zu halten, bestand darin, viele von ihnen zu zwingen, sich zeitweise in Edo aufzuhalten. Dieser Schritt stellte eine enorme finanzielle Belastung für die Daimyo dar und schränkte ihre Fähigkeit ein, Truppen zu unterhalten, die den Shogun bedrohen würden. Gleichzeitig brachte der Daimyo in Edo der Stadt eine bedeutende Reichtumsspritze.

Für ein endgültiges Ende der Toyotomi-Familie fand Ieyasu einen fadenscheinigen Vorwand, um 1615 einen entscheidenden Angriff auf die Burg von Osaka durch die Truppen des Shogunats auszuführen. Nach ihrem Fall begingen Hideyori und seine Mutter Selbstmord. Ein Jahr später starb Ieyasu 1616 eines natürlichen Todes auf seinem Alterssitz in Sumpu.

(https://upload.wikimedia.org/wikipedia/commons/7/71/Okazaki-Park-Tokugawa-Ieyasu-1.jpg)

Die japanische Küche unterlag im Laufe ihrer Entwicklung großen Änderungen. Tofu und Miso bildeten aber bereits zu Zeiten des Tokugawa Ieyasu einen wesentlichen Bestandteil der Speisekarte. Für dieses Buch hat der Autor Tofu-Miso-Suppe als ein einfach herzustellendes Gericht ausgewählt.

Tofu-Miso-Suppe

Zutaten: Für 4 Personen benötigt man:

250 Gramm Tofu 1 Frühlingszwiebel	1 Liter Wasser 80 Gramm Dashigranulat	100 Gramm Miso 1 Esslöffel Mirin

Zubereitungszeit: Die Zubereitung ist einfach und man benötigt einschließlich der Vorbereitungszeit etwa 20 Minuten.

Zubereitung:
Zunächst ist der Tofu mit einem scharfen Messer in kleine Würfel zu zerteilen. Die Frühlingszwiebel sind schräg circa 1 cm lang zu schneiden. Diese beiden Zutaten kommen hernach in die Suppe,

Für die Suppe stellt man 1 Liter Wasser in einem Kochtopf auf den Herd und rührt das Dashi in das Wasser. Beides ist dann zum Kochen zubringen. In der Zwischenzeit verrührt man das Miso mit dem Mirin in einer Schale. Das Wasser mit dem Dashi sollte nicht aufkochen. In diese heiße Suppe ist das mit dem Mirin vermengte Miso einzurühren und weiter köcheln zu lassen. Danach ist der Tofu hinzuzufügen und die gesamte Suppe ungefähr 5 Minuten leicht köcheln zu lassen. Danach wird die fertige Suppe in eine passende Schale gegeben und zur Garnierung noch die geschnittenen Zwiebeln dazugegeben.

(https://upload.wikimedia.org/wikipedia/commons/e/e8/Miso_Soup_001.jpg)

Zrínyi Miklós VII.
Nikolaus VII. Šubić von Zrin, kurz Nikolaus VII. Zrinski (kroatisch Nikola VII. Zrinski, ungarisch Zrínyi VII. Miklós) wurde 1620 geboren und starb 1664. Er war Ban von Kroatien, kaiserlicher Feldherr und Dichter aus dem kroatisch-ungarischen Adelsgeschlecht Zrinski. Er gilt bei vielen Ungarn und Kroaten als Nationalheld.

Zrínyi entstammte einer äußerst wohlhabenden Adelsfamilie und wurde von den Jesuiten erzogen. Sein Hauptanliegen war es, die Türken aus Ungarn zu vertreiben, und er verbrachte sein ganzes Leben damit, gegen die Eroberer zu kämpfen, und wurde der herausragende ungarische Heerführer seines Jahrhunderts. Zrínyi wurde schon in sehr jungen Jahren in die Grenzkämpfe verwickelt. Sein erster bekannter Brief, in dem er sich auf diesen Kampf bezieht, stammt aus dem Jahr 1637. Zrínyis Briefe zeigen, dass seine Entscheidungen schnell, aber immer gut begründet waren. Der Organisationsgrad der Muraköz-Armee und die Wirksamkeit ihres Alarmsystems werden durch die Tatsache bestätigt, dass Zrínyi im Jahr 1660, als in Kanizsa ein Feuer ausbrach – um die Situation auszunutzen – die türkische Festung an einem einzigen Tag umzingelte und von der Außenwelt abgeschnitten hatte. Es war nicht seine Schuld, dass die Belagerung, die sehr vielversprechend zu sein schien, gar nicht erst begann.

Die Verteidigung von Muraköz und die bewusste Konstruktion von Bauten zu militärischen Zwecken über viele Jahre hinweg sind die besten Indikatoren für die praktische

Bereitschaft von Zrínyi. Er baute ein Verteidigungssystem auf, das den relativen Frieden und die Entwicklung des Territoriums sicherte. Zu diesem System gehörten ständige Aufklärung, die meisterhafte Nutzung der Möglichkeiten, die sich das Gelände bot, der Bau von Zrínyi-Újvár und eine aktive Taktik, die darin bestand, die Feinde ständig zu belästigen und sie mit ständigen Angriffen zu schwächen.

Der meisterhaft ausgeführte Winterfeldzug im Jahre 1664 beweist deutlich, dass Zrínyi die Auswirkungen der Regen- und Wetterbedingungen berücksichtigte und stets beachtete. Er wusste, dass die Osmanen im Winter nur ungern kämpften und keine größeren Truppenbewegungen zu erwarten waren. Das damalige „Nachrichtennetzwerk", dessen wichtigste Elemente Flugblätter waren, spielte eine wichtige Rolle dabei, dass die Informationen über die Taten von Miklós Zrínyi nach Europa gelangten. Bereits 1661 erschienen gedruckte Nachrichten über den Bau von Zrínyi-Újvár, die seine historische Rolle vorwegnahmen. Das große Interesse zeigt sich auch darin, dass 60 % der 1664 veröffentlichten deutschen Flugblätter sich mit den militärischen Aktivitäten von Miklós Zrínyi befassten und meist die Ereignisse seines Winterfeldzugs darstellten.

Zrínyi verfasste seine militärwissenschaftlichen Werke auf Ungarisch, beherrschte Latein, Kroatisch und Italienisch gut und verstand auch die deutsche und türkische Sprache. So konnte er die Originalwerke antiker militärwissenschaftlicher Autoren und die zeitgenössische Literatur lesen und studieren.

(https://upload.wikimedia.org/wikipedia/commons/4/4/Miklós_Zrínyi_bust.jpg)

Das handschriftliche Kochbuch des Zrínyi-Hofes in Csáktornya (XVII. Jahrhundert) enthält mehrere Rezepte. Dies sind „Schweinefuß kalt oder veredelt" und „Schweinefuß auf andere Weise kalt". Beim ersten Rezept zum Beispiel kocht die Keule im Saft und man schält vorsichtig „das Fett ab", fügt Zwiebeln und Knoblauch hinzu und muss sie dann durch ein Sieb stechen. Schließlich: „Fleisch ordentlich in die Schüssel geben, den Saft darüber gießen, an einem kalten Ort ruhen lassen." Mit Petersilienblättern bestreuen und mit Essig übergießen, „kalt oder heiß, alles gut". In der anderen Version werden dem Saft Pfeffer, Safran, Ingwer und Essig zugesetzt, der mit dem Schweinefuß „zusammengemischt" werden muss. Im selben Buch finden wir Hecht- und Karpfengelee, das mit „Himmelssaft" (letzteres bedeutet ein Zwiebelessig-Kochsaft) hergestellt wird.

Da diese Speise vielleicht heute nicht mehr so ankommt, habe ich eine andere traditionelle ungarische Speise ausgewählt, welche aus den Küchen der Welt nicht mehr wegzudenken ist, nämlich das Letscho.

Letscho (Lecsó = Tomate)

Zutaten für 4-6 Portionen Letscho:

1,5 Kilogramm Spitzpaprika (rot/gelb, am besten ungarische) 1 Kilogramm saftige Tomaten 3 große Zwiebeln	50 Gramm (Räucher-) Speck (wenn gewünscht) sonst 2 Esslöffel Schmalz oder Butter, Salz, Pfeffer (nur eventuell), ungarisches Paprikapulver, ca. 3 Knoblauchzehen

Zubereitungszeit: Gesamtkochzeit (ohne Letscho) 15 Minuten. Für das Letscho 30 min. Gesamtzeit (15 min. Zubereitungszeit und 15 min. Koch- und Ruhezeit).

Zubereitung:

Zubereitung des Letschos: Die Zwiebel und den Knoblauch schälen und hacken.

Dann die Paprika waschen, entkernen und entstielen und in mundgerechte Stücke schneiden. Die Tomaten waschen, mit heißem Wasser blanchieren, die Haut abziehen und ebenfalls in kleine Würfel schneiden. Danach die Zwiebel- und Knoblauchstücke in einem Topf mit Öl oder Butter (oder den Speck) glasig anrösten. Dann die Paprika- und Tomatenwürfel sowie etwas Ketchup dazu geben, gut durchrühren und mit einem Schuss Wasser auffüllen. Mit Salz, Pfeffer, Zucker und dem Paprikapulver nach Belieben würzen. Das Gemüse aufkochen und anschließend für ca. 20-25 Minuten köcheln/dünsten lassen, bis es weich ist - dabei ab und zu umrühren.

Serviervorschlag; Foto: Autor

Montecuccoli Raimondo

Raimondo Graf von Montecuccoli wurde 1609 geboren und starb 1680. Er war ein italienisch-stämmiger Feldherr, Diplomat und Staatsmann in österreichisch-habsburgischen Diensten.

Montecuccoli trat 1625, zu Beginn des Dreißigjährigen Krieges (1618/48), in die österreichische Armee ein und zeichnete sich bei Breitenfeld (1631) und Lützen (1632) gegen König Gustav II. Adolf von Schweden aus. Er erlernte dabei das Kriegshandwerk im wörtlichen Sinn „von der Pike auf". Erneut in Nördlingen (1634) und Wittstock (1636) im Einsatz war er von 1639 bis 1642 schwedischer Gefangener und nutzte diese Zeit, um seine Ausbildung zu vervollständigen und die Kriegskunst zu studieren. Damals begann er mit seinen strategischen und taktischen Schriften. 1642 kehrte er ins Feld zurück und kämpfte für seine Heimatstadt Modena im Castro-Krieg (1642–44) zwischen dem Papsttum und seinen Gegnern und 1645 gegen den ungarischen Rebellen György Rákóczy I. Zurück in Deutschland führte sein geschickter Rückzug in Bayern angesichts eines kombinierten französisch-schwedischen Angriffs zu seiner Beförderung zum General.

Der Westfälische Frieden (1648) ermöglichte es Montecuccoli, wieder zu schreiben und eine Reihe von diplomatischen Missionen für den Kaiser des Heiligen Römischen Reiches Ferdinand III. durchzuführen. Als beförderter Feldmarschall vertrieb er die Schweden aus Deutschland, Dänemark und Pommern (1658–60) und vereitelte zwischen 1661 und 1664 die türkischen Offensiven gegen Österreich, wobei er einen entscheidenden Sieg bei St. Gotthard an der Raab (1. August 1664) errang, für den er als Retter der Christenheit gefeiert wurde. Danach wurde er schnell befördert. 1664 zum Generalissimus aller kaiserlichen Armeen ernannt, wurde er 1668 Präsident des Hofkriegsrates. Als Leiter dieses Gremiums förderte er eine Reihe von Reformen, darunter die Einführung einer leichteren Muskete, die Reduzierung der Zahl der Pikeniere der Infanterie, die durch eine entsprechende Erhöhung der mit Feuerwaffen bewaffneten Soldaten ausgeglichen wurde, und die Erhebung der Grenadiere zu einer Elitetruppe. Montecuccoli, der bereits ein alter Mann war, wurde 1672 zurückgerufen, um die kaiserlichen Armeen gegen Frankreich anzuführen und in den nächsten drei Jahren wiederholt Marschall Henri de Turenne zu besiegen. Alter und Krankheit zwangen ihn schließlich 1675 zur Pensionierung.

Als Meister der Kriegsführung des 17. Jahrhunderts zeichnete sich Montecuccoli in der Kunst der Befestigung und Belagerung, des Marsches und Gegenmarsches sowie in der Zerschnitt der Kommunikationslinien seines Feindes aus. Mit seiner Befürwortung stehender Heere sah er die Zukunft im militärischen Bereich klar voraus. Sein wichtigstes Werk, Dell'arte militare (1792; „Die Militärkunst"), wurde mehrfach nachgedruckt. Montecuccoli verfasste zahlreiche militärische Werke. Ein besonders häufig zitierter Satz aus seinen Aforismi dell'Arte Bellica war die Feststellung: „Richiesto taluno delle cose necessarie alla gu-

r Peter der Große

r russische Dichter Alexander Puschkin bezeichnete ı Zaren als „ewiges Arbeitstier auf dem Thron Russds“. Zar Peter der Große wurde 1672 geboren und starb 25. Er wird mit einer Körpergröße von fast 2 Metern als elligent, neugierig, kräftig und von unbändiger Energie schrieben. Er war von 1682 bis 1721 Zar und Großfürst ı Russland und von 1721 bis 1725 der erste Zar des ssischen Reichs.

ter interessierten schon in jungen Jahren die handwerkhen Fertigkeiten und Lebensweisen der Holländer, utschen, Engländer und Schotten, die in Moskaus Ausdervorstadt wohnten. Peter lernte bei holländischen eistern den Schiffsbau. Er zimmerte, tischlerte und ımiedete von früh bis spät – und zechte mit seinen neuen eunden so manche Nacht hindurch. Seine Pläne waren rgeizig: Er wollte eine russische Flotte aufbauen. Er ıickte junge Adlige nach Westeuropa, damit sie Navigan und Schiffsbau lernten, und brach schließlich selbst t einer „großen Gesandtschaft“ von 250 Mann nach olland auf. Vier Monate lang arbeitete Peter als Zimmerınn auf einer Werft in Amsterdam, besuchte Handwerkstriebe und Hospitäler, sprach mit Ingenieuren, Baumeisn und Gelehrten und segelte schließlich weiter nach gland.

ieder in Moskau begann Peter, sein Imperium nach esteuropäischem Vorbild zu modernisieren: Er reforerte die Armee, die Verwaltung, die Wirtschaft. An der

erra, egli rispondesse tre esser quelle: denaro, denaro, denaro“ („Würde man jemanden nach den zum Kriege notwendigen Dingen fragen, so würde er sagen, es seien diese drei: Geld, Geld, Geld“), ein Spruch, der allerdings auf den Feldherrn Gian Giacomo Trivulzio (1440-1518) zurückgeht.

(https://commons.wikimedia.org/wiki/ File:HGM_Grießler_Montecuccoli.jpg)

Über die Essgewohnheiten von Raimondo Montecuccoli wissen wir nichts Konkretes. Da er wohlhabend war, konnte er sich alle damals gängigen Speisen leisten. Montecuccoli wuchs in Modena auf. Er wird daher auch den Verzehr der Köstlichkeiten seiner ehemaligen Heimat in Österreich weiter gepflegt haben. In der italienischen Küche spielt Weißbrot eine nicht unbedeutende Rolle. Der Autor präsentiert hier ein einfaches Gericht, welches schmackhaft ist und dessen Zubereitung keinen großen

Zeitbedarf nach sich zieht. Zur Vereinfachung der Herstellung verwenden wir als Weißbrot eine „Ciabatta", deren Erfindung erst im 20. Jahrhundert datiert.

Italienisches Weißbrot mit Mozzarella, Tomaten und Basilikum überbacken

Zutaten: Für 4 Portionen benötigt man:

2 Ciabatta (500 Gramm) 4 Packungen Mozzarella (á 125 Gramm 10 Tomaten 2 Prisen Salz	14 Blätter Basilikum 8 Esslöffel Olivenöl 2 Teelöffel Balsamico di Modena 2 Prisen Pfeffer

Zubereitungszeit: Arbeitszeit ca. 15 Minuten. Backzeit ca. 15 Minuten.

Zubereitung:
Backofen auf ca. 200 °C vorheizen (Ober-/Unterhitze). Tomaten klein schneiden und Mozzarella in Scheiben schneiden. Basilikum kurz unter fließendem Wasser abspülen.

Die Ciabatta halbieren und mit 1 EL Öl bestreichen. Tomaten auf den Hälften verteilen, 1 EL Öl und ein wenig Balsamico darüber geben, nach Geschmack mit Salz und Pfeffer würzen. Alle Hälften mit den Mozzarellascheiben abdecken. Ca. 15 Minuten überbacken. Ein Gefäß mit

Wasser dazustellen, dann wird die Ciabatta nicl cken. Aus dem Backofen nehmen und die Basiliki drauflegen.

Serviervorschlag; Foto: Autor

Mündung des Flusses Newa, in den Finnischen Meerbusen, ein riesiges Sumpfgebiet, ließ er 1703 eine Festung errichten, es war die Gründung der neuen russischen Hauptstadt Sankt Petersburg. Und stolz dachte er: „Von hier aus drohen wir dem Schweden / Hier werde eine Stadt am Meer / Zu Schutz und Trutz vor Feind und Fehden."

Während seiner 42-jährigen Herrschaft führte Peter im Süden des Reiches Krieg gegen Tataren und Türken, im Norden gegen Schweden, das als Militärmacht den Ostseeraum beherrschte. Nach 21 Jahren „Nordischem Krieg" gewann Peter die Vorherrschaft an der Ostsee: Russland konnte sich als Führungsmacht in Europa etablieren. Bei den Siegesfeierlichkeiten baten ihn die höchsten Würdenträger des Landes, fortan den Titel zu führen: „Vater des Vaterlandes, Peter der Große, Herrscher über ganz Russland."

Nach Peters Tod 1725 trat seine zweite Frau sein Erbe an. Sie war einst eine einfache Bauerntochter gewesen und wurde als Katharine I. die erste russische Zarin, nicht zu verwechseln mit Katharina II., welche zwischen 1762 und 1796 Zarin von Russland war.

Der russische Erfinder und Zeitgenosse des Zaren Andrei Konstantinowitsch Nartow schrieb: „Peter der Große mochte keine Pracht, keinen Luxus und nicht, von vielen Dienern umgeben zu sein. ... Seine Nahrung bestand aus Kohlsuppe, Sülze, Haferbrei, gegrilltem Fleisch mit eingelegten Gurken oder Zitronen, Corned Beef, Schinken.

Mehr als Wodkas bevorzugte der Zar Anisette. Sein übliches Getränk war Kwas. Zum Abendessen trank er Hermitage-Wein (Rotwein aus der nördlichen Rhône), manchmal ungarischen Wein (süß, Tokaj). Er hat nie Fisch gegessen..."

	(File:J.-M. Nattier (d'après) - Portrait de Pierre Ier (musée de l'Ermitage).jpg)

Russische Kohlsuppe

Zutaten: Für 4 Personen benötigt man:	
350 Gramm magere Rinderbrust	3 Teelöffel gekörnte Rinderbouillon
1 Esslöffel Butter	1 Bund gemischte und fein gehackte Kräuter
170 Gramm gehackte Zwiebeln	250 Gramm gewürfelte Kirschtomaten
500 Gramm in Streifen geraspelter Weißkohl	350 Gramm Kartoffeln (geschält, klein geschnitten)
1 Bundgehacktes Suppengrün	1 Knoblauchzehe, Salz, Pfeffer

Zeitbedarf für die Zubereitung: Gesamtzeit ca. 2 Stunden 25 Minuten, davon Arbeitszeit ca. 25 Minuten, Koch-/Backzeit ca. 2 Stunden.

Zubereitung:

Fleisch waschen und mit Küchenpapier trocken tupfen. In einen Topf zwei Liter Wasser geben. Das Fleisch hineinlegen und bei schwacher Hitze aufkochen lassen. Den Schaum abschöpfen, Bouillon hineinrühren und das Fleisch bei mittlerer Hitze in etwa 90 Minuten gar ziehen lassen.

In der Zwischenzeit Gemüse und Kartoffeln vorbereiten. Butter oder Margarine in einem großen Topf zerlassen und die Zwiebeln darin weich dünsten. Kohl und Suppengemüse dazugeben und zugedeckt bei schwacher Hitze ca. 15 Minuten dünsten.

Das Fleisch aus der Brühe nehmen und in Würfel schneiden. Die Rinderbrühe zum Gemüse gießen. Fleischwürfel und Kartoffeln dazugeben. Tomatenwürfel unterrühren und alles zugedeckt ca. 20 Minuten köcheln lassen. Die Knoblauchzehe schälen und dazupressen. Zum Schluss die Suppe mit Pfeffer und Salz abschmecken.
Mit einem Klecks saurer Sahne und gehackten Kräutern bestreut servieren.

(https://commons.wikimedia.org/wiki/File:Shchi.jpg?uselang=de)

Prinz Eugen von Savoyen
Eugen Franz, Prinz von Savoyen-Carignan (französisch François-Eugène de Savoie-Carignan, italienisch Eugenio di Savoia-Carignano) wurde 1663 geboren und starb 1736.

Eugen Franz wollte in Frankreich unbedingt Offizier werden, aber Ludwig XIV. von Frankreich verwehrte ihm den Eintritt ins französische Heer. Er wurde zunächst Abbe, ging jedoch 1683 nach Österreich und kämpfte hier während der Belagerung Wiens gegen die Türken. 1686 nahm er an der Rückeroberung von Buda teil, 1687 entschied er die Schlacht bei Mohács, und 1689 zog er nach Italien gegen die Franzosen. 1693 wurde Eugen Feldmarschall und schließlich 1697 Oberbefehlshaber im Türkenkrieg (Sieg bei Zenta 1697, bei Peterwardein 1716, Einnahme von Belgrad 1717). Ferner erfocht er auch Siege im Spanischen Erbfolgekrieg (bei Carpi und Chiari 1701, bei Höchstädt 1704, bei Turin 1706, bei Oudenaarde 1708 und bei Malplaquet 1709). 1703 wurde Eugen Präsident des Hofkriegsrats und trug wesentlich zum Abschluss des Rastatter Friedens bei. 1704 initiierte er den Bau des die Vorstädte umgebenden Linienwalls. 1714-1724 war er erster Generalstatthalter der Österreichischen Niederlande.

Als Ratgeber und Diplomat dreier Kaiser (Leopold I., Joseph I., Karl VI.) erwarb er sich bedeutende Verdienste, war aber auch ein großer Kunstfreund, Mäzen und Gelehrter (kostbare Bücher- und Kartensammlung, Briefwechsel mit Montesquieu und Leibniz). Durch J. L. v. Hildebrandt ließ er sich das Sommerschloss Belvedere und das Stadtpalais in der Himmelpfortgasse erbaut (letzteres nach Plänen von Johann Bernhard Fischer von Erlach; Winterpalais). 1725 erwarb Prinz Eugen von Savoyen das Renaissancekastell und den Markt Hof. Er beauftragte Johann Lucas von Hildebrandt damit, das Kastell zu einem barocken Jagdschloss umzubauen. Eugen betrachtete es als seine Aufgabe, die „Monarchia Austriaca" zur europäischen Großmacht emporzuführen; von vornehmer Gesinnung und höchster Geistesbildung, war er ein echter Repräsentant der Barockzeit. Das Winterpalais wurde nach seinem Tod dem Staat verkauft, die Bücher- und Kartensammlung kam an die Hofbibliothek. Eine „Apotheose" (1721; von Balthasar Permoser) befindet sich in der Österreichischen Galerie, eine Statue (1869; von Carl Kundmann) im Heeresgeschichtlichen Museum, ein Bildnismedaillon existiert im Winterpalais; im Unteren Belvedere ist eine Stuckdecke erwähnenswert (1716; „Triumph des Prinzen Eugen" von Bartolomeo Altomonte). Eugen war eine der beliebtesten Gestalten der patriotischen österreichischen Dichtung, die in ihm die Verkörperung der Glanzzeit der Habsburgermonarchie erblickt, seiner Persönlichkeit jedoch nie ganz gerecht wurde; die Nationalsozialisten nahmen ihn wegen der „Eroberung des Ostens" für sich in Anspruch.

Prinz Eugen als junger General (https://en.wikipedia.org/wiki/Prince_Eugene_of_Savoy#/media/File:Portret_van_Eugenius_van_Savoye,_RP-P-1911-714.jpg)	

Prinz Eugen Torte

Für die Zubereitung benötigt man:

900 Gramm Butter 1.080 Gramm Zucker 30 Eier (Gewichtsklasse mittel) 6 Bio-Orangen, Schalenabrieb 750 Gramm Mehl 120 Gramm Kakaopulver, ungesüßt	6 Päckchen Backpulver 15 g etwas Schokolade, (Späne für Deko) 750 Gramm Mandeln, fein gemahlen 6 Glas Sauerkirschen, 350 g Abtropfgewicht	1,2 Liter Kirschsaft 120 Gramm Speisestärke 6 Messerspitzen Zimt 2.400 Gramm Sahne 12 Blatt Gelatine Etwas Kirschwasser, wenn die Torte nur für Erwachsene bestimmt ist.

Gesamtzeit: ca. 4 Stunden 30 Minuten, davon Arbeitszeit ca. 30 Minuten, Ruhezeit ca. 3 Stunden, Koch-/Backzeit ca. 1 Stunde.

Zubereitung des Tortenbodens:
Die Butter mit dem Zucker und einem Ei schaumig rühren. Die abgeriebene Orangenschale dazugeben. Kakao, Mehl mit Backpulver, gesiebt, mit den Mandeln mischen. Diese Mischung abwechselnd mit den restlichen Eiern unter die schaumige Butter rühren. Nicht schaumig schlagen!! Den Rührteig in eine mit Butterbrotpapier ausgelegte Springform, Durchmesser 26-28 cm, einfüllen. Mit Umluft 170 °C etwa 40-45 Min backen.

Zubereitung der Füllung:
Sauerkirschen abtropfen und Saft auffangen. Kirschsaft mit Speisestärke und Zimt wie Pudding aufkochen, die abgetropften Kirschen zugeben. Die Kirschen können nach Belieben gezuckert werden.

Endzubereitung der Torte:
Den abgekühlten Schokoladenboden in der Mitte aushöhlen. Dabei einen Rand von etwa 1 cm stehen lassen. Der Boden sollte etwa daumendick sein. Die noch warme Kirschmasse einfüllen. Gut auskühlen lassen.

Gelatine in kaltem Wasser einweichen und mit etwas Kirschsaft auflösen.
Gut gekühlte Sahne schlagen, Gelatine flott zugeben. Die Brösel der ausgehöhlten Torte unterrühren.

Von den Kirschen können einige zurückgehalten werden, die dann auch unter die Sahne kommen. Diese Sahne-Masse auf der Torte gleichmäßig verteilen. Mit Schokoladenspänen einstreuen.
Die Torte kühl stellen, bis die Sahne angezogen hat.

In seinen Schlössern veranstaltete der Prinz prächtige Feste. Hier das Belvedere in Wien (https://en.wikipedia.org/wiki/Prince_Eugene_of_Savoy#/media/File:Wien_-_Schloss_Belvedere,_oberes_(1).JPG)

Friedrich II. oder Friedrich der Große

Friedrich II. oder Friedrich der Große, volkstümlich der „Alte Fritz“ genannt, wurde 1712 geboren und starb 1786. Er war ab 1772 König von Preußen. Als Sohn und Kronprinz des Soldatenkönigs Friedrich Wilhelm I. war seine Kindheit und Jugend von einer militärischen Erziehung mit Drill und körperlichen wie seelischen Züchtigungen geprägt. Der Kronprinz von Preußen litt umso mehr darunter, da er selbst schöngeistige Beschäftigungen wie Flötespielen, Literatur und Sprachen vorzog.

Friedrich heiratete unter Zwang Elisabeth Christine von Braunschweig-Bevern. Eine Ehe, die sehr unglücklich verlief, da Friedrich kein Interesse an seiner Gattin hatte. Hinter vorgehaltener Hand wird gemunkelt, dass er offenbar eher dem eigenen Geschlecht zugetan war. Er korrespondierte viel mit dem französischen Philosophen Voltaire, der sogar 14 Tage lang Gast auf Friedrichs Schloss war. In der Zeit auf Schloss Rheinsberg entstanden auch Werke wie der „Antimachiavell", ein tugendhaftes Idealbild des aufgeklärten Monarchen.

Als er 1740 König von Preußen wurde, zeigte er sich zunächst als aufgeklärter Herrscher, da er die Folter abschaffte und die Getreidepreise senkte. Doch die außenpolitischen Verhältnisse sollten die nächsten 25 Jahre des Königs entscheidend prägen. Friedrich war fast unentwegt in Kriege verwickelt, die zwar verlustreich geführt wurden, aus denen er aber meist als glücklicher Sieger hervorging. Zunächst kämpfte Friedrich II. in zwei Kriegen gegen

Österreich um Schlesien, das seit dem 16. Jahrhundert zum Haus Habsburg gehörte. Nach einer sehr glücklich gewonnenen Schlacht wurde 1745 im Friedensvertag von Dresden Schlesien offiziell Preußen zuerkannt.

1756 brach der Siebenjährige Krieg aus, in den fast alle Großmächte Europas verwickelt waren. Gegen Preußen hatten sich die Mächte Frankreich, Russland und Österreich formiert. Friedrich II. hatte sich dagegen mit Großbritannien verbündet. Nach dem Krieg, aus dem Friedrich II. und Großbritannien als Sieger hervorgingen, ordnete sich die politische Landschaft in Europa neu. Das vergleichsweise kleine Preußen hatte sich dank geschickter strategischer Manöver von Friedrich II. als fünfte Großmacht in Europa etabliert.

Doch Friedrichs Machthunger war noch nicht gestillt. 1772 teilten die Großmächte Russland, Österreich und Preußen das Königreich Polen-Litauen unter sich auf. Friedrich II. erweiterte sein Territorium im Osten um ein Vielfaches.
Und auch im Bayerischen Erbfolgekrieg von 1778/79 spielte Friedrich eine bedeutende Rolle. Dabei verhinderte er, dass Bayern dem österreichischen Kaiserreich einverleibt wurde. Erst die letzten Jahre des Preußenkönigs verliefen in ruhigeren Bahnen.

Friedrich II. beschäftigte sich schon früh mit dem Essen und zum Großteil aus politischen Gründen. Als er 1740 den Thron bestieg, hatten seine Untertanen gerade einen besonders strengen Hungerwinter durchlitten. Wegen der miesen Ernte wurde Getreide immer teurer, Lebensmittel immer knapper; die Menschen hatten nichts zu beißen und einige verhungerten. Kaum gekrönt, ließ der junge Hohenzollern-König die Magazine öffnen und Getreide verteilen. So gelangte er zum ersten Mal über das Essen in die Herzen der Berliner.

„Friedrich hat immer gesagt: Acht Schüsseln müssen reichen", erzählt Kappelt. Mit Schüsseln sind Gänge gemeint, oder besser Teile von Gängen: eine Suppe, eine Vorspeise, zwei Hauptgänge plus drei „Beygerichte" und zum Schluss ein Dessert.

(Friedrich_der_Große_-_Johann_Georg_Ziesenis_-_Google_Cultural_Institute_(cropped_2).jpg)

Glaciertes Kalbsbries

Zutaten: Für 4 Personen benötigt man:

1 Kilogramm Kalbsbries (Herzstück, gut gewässert und geputzt) 250 Gramm Pilze (z.B. Champignons, Kräutersaitlinge, getrocknete Herbst- trompeten), Petersilie	Thymian, Salz, Pfeffer, Öl, Butter, etwas Kalbsfond 100 Gramm Parmaschinken (dünn geschnitten)	Für den Nudelteig: 500 Gramm Hartweizengrieß, 100 Gramm Eidotter, 100 Gramm ganze Eier, Salz, Olivenöl

Zubereitungszeit: 1 Stunde und 20 Minuten.

Zubereitung:
Den Parmaschinken auf einem mit einem Backpapier belegten Blech im Rohr knusprig braten. Auskühlen lassen und in einem Küchencutter fein hacken. Für den Nudelteig Eidotter und Eier vermischen, salzen (so wird die gelbe Farbe der Eier betont) und mit Hartweizengrieß, Salz und etwas Öl zu einem festen Teig glatt kneten. Den Teig 1 Stunde mit Öl bestrichen rasten lassen.

Den Teig in ca. 10 cm breite Bahnen ausrollen und diagonal schneiden. Die Nudeln in reichlich Salzwasser kochen. Die Pilze putzen, in Stücke schneiden und diese in etwas Butter und Öl bei häufigem Schwenken braten, mit etwas Kalbsfond aufgießen. Zum Schluss mit Salz und Pfeffer würzen und mit frisch geschnittener Petersilie bestreuen.

Das Bries in gleich große Stücke schneiden, in Butter mit Thymian rundum leicht anbraten, mit Salz und Pfeffer würzen, mit Kalbsfond übergießen und glacieren. Die Sauce einreduzieren und mit kalter Butter montieren.
Die Nudeln mit den Pilzen und dem Bries anrichten, mit Parmaschinken-Bröseln bestreut servieren.

Serviervorschlag; (https://upload.wikimedia.org/wikipedia/commons/f/f3/ Kalbsbries_Weisses_Bräuhaus.jpg)

George Washington
George Washington wurde 1732 geboren und starb 1799. Er war nordamerikanischer Staatsmann und Nationalheld.

George Washington wurde zwar in die sklavenhaltende Siedlerelite der englischen Kolonien hineingeboren, jedoch verhinderte der frühe Tod seines Vaters eine standesgemäße Ausbildung, die über das Grundschulniveau hinausgegangen wäre. Er bildete sich aber selbst weiter und dabei galt der Mathematik sein Interesse, sodass er sich früh als Landvermesser einen Namen machte. In dieser Funktion wurde er von den Behörden Virginias mit Aufgaben betraut, die mit dem Vordringen ins Ohio-Tal zusammenhingen. 1753 wurde Washington zum Oberst der Miliz von Virginia ernannt und spielte eine bedeutsame Rolle in den Auseinandersetzungen, die dem französisch-britischen Kolonialkrieg vorangingen. 1755 quittierte Washington seinen Dienst bei der Miliz und trat im Mai 1755 der regulären Truppe in Virginia bei. Als sich Frankreich und England 1756 den Krieg erklärten, bestand Washington seine Bewährungsprobe und verteidigte die Grenze zum französischen Territorium. Als junger Soldat nahm er an der Schlacht von Monongahela am 9. Juli 1755 teil, welche mit einem Sieg der Franzosen über die Briten endete. Diese Schlacht war ein Teil des Siebenjährigen Krieg in Nordamerika, welcher ein Ableger des Krieges in Europa war. Ab dem Sommer 1758 wendete sich das Blatt und die Briten spielten nun ihre zahlenmäßige Überlegenheit aus und begannen einen Mehr-Fronten-Krieg. Die Briten eroberten daraufhin 1759 Québec und 1760 Montreal.

Damit war der Krieg in Nordamerika in der Hauptsache entschieden.

Von 1758 bis 1774 gehörte George Washington der Bürgerversammlung von Virginia an und trat in dieser Zeit auch der Unabhängigkeitsbewegung bei. 1774 nahm Washington maßgeblichen Einfluss beim Boykott britischer Importe. Infolge der ersten Kämpfe zwischen Massachusetts und den Briten 1775 wurde Washington vom zum Oberbefehlshaber der neu errichteten Kontinentalarmee erklärt. Nach anfänglichen Niederlagen besiegte er im Dezember 1776 die Briten bei Trenton und im Januar 1771 bei Princeton, aber erst am 19.10.1781 gelang es Washington mit Hilfe der französischen Truppen in der entscheidenden Schlacht bei Yorktown, die britische Hauptarmee zur Kapitulation zu zwingen.

Vom Ausbruch des Unabhängigkeitskrieges gegen die britischen Kolonialherren 1775 bis zum Ende seiner zweiten Amtszeit als Präsident der USA 1797 hatte Washington das politische Leben der Nation entscheidend mitgeprägt, nämlich als Oberkommandierender der Kontinentalarmee, als Vorsitzender des Verfassungskonvents 1787 und als erster Präsident ab 1789. Im Nordamerikanischen Unabhängigkeitskrieg 1776-1783 ernannte man ihn zum Oberbefehlshaber der Kontinentalarmee und 1781 erlangte er mit französischer Unterstützung die Kapitulation der britischen Hauptarmee. 1787 leitete er den Verfassungskonvent ein und wurde einstimmig zu dessen Vorsitzenden bestimmt. 1789 wählte man ihn zum 1. Präsidenten der Vereinigten Staaten von Amerika und er wurde 1792 für weitere vier Jahre in seinem Amt bestätigt. Bereits zu Lebzeiten verehrte die amerikanische Bevölkerung ihn als einer der Gründerväter ihres Landes und als Nationalheld. Neben der Verfassung, der Nationalflagge und dem Unabhängigkeitstag galt er lange Zeit als Symbol der amerikanischen Identität.

Washington als junger Oberst (https://en.wikipedia.org/wiki/George_Washington#/media/File:Washington_1772.jpg)	

Gebratenes Lamm mit Rosmarin

<u>**Zutaten:**</u> Für 4 Personen benötigt man:
800 Gramm Lammfleisch (aus der Hüfte, ohne Knochen)
4 Knoblauchzehen
1 Zwiebel
3 Esslöffel Öl
1 Zweig Rosmarin

3 Esslöffel Weißwein
1 Esslöffel Saucenpulver (braun)
Salz und Pfeffer

Zubereitungszeit: Arbeitszeit 25 bis 30 Minuten.

Zubereitung:

In einer kleinen Schüssel Öl, Knoblauch, Salz und Rosmarin vermischen;

über das Lamm reiben. Abdecken und über Nacht kühl stellen.

Lammfleisch mit der Fettseite nach oben auf einen Rost in einen flachen Bräter legen.

In einem heißen Topf mit Öl die Lammhüfte anbraten. Die Knoblauchzehen, Zwiebel und Rosmarin dazugeben und alles ca. 12 Minuten braten, ab und zu das Fleisch umdrehen. Vom Feuer nehmen und mit Weißwein ablöschen. Anschließend 1 TL braune Soße (Pulver) hinzufügen und kurz nochmal aufkochen lassen. Wieder vom Feuer nehmen und mit geschlossenem Deckel 5 Minuten ruhen lassen. Dann das Fleisch tranchieren und mit Speckbohnen und Salzkartoffeln servieren. Die Soße in einer Sauciere dazu reichen. Vor dem Anschneiden 15 Minuten stehen lassen.

Serviervorschlag; (https://www.kochwiki.org/wiki/Datei: Rosmarinlammschulter-2-CTH.JPG)

Horatio Nelson

Horatio Nelson, Viscount Nelson of the Nile and Burnham Thorpe, wurde 1758 geboren und starb 1805. Er wird heute als der größte Seeheld Großbritanniens verehrt.

Horatio Nelson lernte das Segeln auf dem Barton Broad in den Norfolk Broads und als er zwölf Jahre alt war, heuerte er bei der Royal Navy an. Er begann seine Marinelaufbahn 1771 mit der Eintragung in die Besatzungsliste der Raisonable, die von Maurice Suckling, seinem Onkel mütterlicherseits, kommandiert wurde. Sein Onkel übernahm später eine der wichtigsten Funktionen in der Royal Navy und förderte die Anfangskarriere seines Neffen. Zeit seines Lebens – auch noch als Admiral – litt Nelson an der Seekrankheit. 1777 bestand er die Leutnantsprüfung und wurde auf verschiedenen Schiffen in der Karibik eingesetzt. 1779 wurde er zum Kapitän befördert. Nach dem Ende der Feindseligkeiten zwischen England und Frankreich 1783 nutzte er die Friedenszeit, um Frankreich zu bereisen. Danach stach er wieder in See und überwachte die Gewässer in der Karibik. 1787 heiratete er und nahm nach seiner Rückkehr in die Heimat den Abschied als aktiver Seeoffizier und lebte mit seiner Frau für fünf Jahre in einem Pfarrhaus.

Sein Leben änderte sich aber, als in Frankreich die Revolution ausbrach. Die Kriegserklärung Frankreichs an Großbritannien erfolgte am 1. Februar 1793. Nelson bewarb sich um ein Kommando und übernahm im Februar das moderne Schiff HMS Agamemnon, mit welchem er seinen historischen Ruhm begründete. Im Juni segelte Nelson ins Mittelmeer, mit dem Ziel der Blockade von Toulon, dem damals wichtigsten französischen Kriegshafen in Südfrankreich. Im August wurde die Hafenstadt von britischen Truppen eingenommen. Nelson wurde danach in das Königreich Neapel entsandt, wo zum ersten Mal Emma, die später als Lady Hamilton bekannte Frau des britischen Botschafters, traf. Jahre später verliebte er sich in sie und seine außereheliche Beziehung zu Lady Hamilton sorgte im heimischen Großbritannien für Schlagzeilen. Lady Emma gebar ihm im Januar 1801 eine Tochter, die auf den Namen Horatia getauft wurde. Wenig später trennte er sich von seiner Frau Fanny (es erfolgte jedoch keine Scheidung) und gewährte ihr ein ansehnliches jährliches Einkommen. Nelson und Emma zogen in ein Haus am Hafen von Queenborough. Bis Anfang 1797 war Nelson in verschiedenen Funktionen im Mittelmeer tätig. In dieser Zeit wurde er zum Commodore ernannt und kommandierte mehrere Schiffe. Im Mittelmeer kam es in der Folge zu mehreren Seegefechten, in denen Nelson auch verwundet wurde. Von einer Kanonenkugel aufgewirbelter Sand und kleine Splitter trafen sein rechtes Auge, was einen weitgehenden Verlust der Sehkraft bewirkte. Die Verletzung war allerdings nicht sichtbar, und entgegen mancher Darstellung trug Nelson niemals eine Augenklappe. Danach folgten jene vier Seeschlachten - Seeschlacht bei Kap St. Vincent (1797), Seeschlacht bei Abukir (1798), Seeschlacht von Kopenhagen (1801), Seeschlacht von Trafalgar (1805), welche den Ruhm von Nelson begründeten. Vor der Seeschlacht von Trafalgar gab er den Befehl:

„England expects that every man will do his duty – „England (gemeint ist das Vereinigte Königreich als Ganzes) erwartet, dass jeder Mann seine Pflicht erfüllt.“ Er starb an Deck seines Schiffes, nachdem er von der Kugel eines französischen Schützen getroffen wurde. Nelsons letzte Worte sollen „Thank God I have performed my duty“ („Gott sei Dank habe ich meine Pflicht erfüllt.“) gewesen sein. Die vernichtende Niederlage der napoleonischen Flotte führte dazu, dass Frankreich als Seemacht weitgehend ausgeschaltet wurde, und sicherte die Vormachtstellung des Vereinigten Königreichs auf den Weltmeeren.

Der junge Nelson https://fr.wikipedia.org/wiki/Horatio_Nelson#/media/Fichier:Young_Nelson.jpg

Einfaches gesalzenes Rindfleisch

Zutaten: Für 4 Personen benötigt man:

1,5 Kilogramm kg flaches Stück eingelegte Rinderbrust 2 Lorbeerblätter	1 Teelöffel schwarze Pfefferkörner 4 große Karotten, geschält, aber ganz gelassen	4 Wacholderbeeren 1-2 Teelöffel Zucker (optional)

Zubereitung: Vorbereitungszeit: 20 Minuten. Kochzeit: 4 Std.

SCHRITT 1: Wenn Sie können, lassen Sie das eingelegte Rindfleisch auf Raumtemperatur kommen, bevor Sie beginnen, indem Sie es eine Stunde lang auf der Küchentheke stehen lassen. Es beschleunigt die Garzeit. Das Rindfleisch in eine große Pfanne geben und mit kaltem Wasser bedecken. Zum Kochen bringen und schaumigen Schaum abschöpfen, der an die Oberfläche steigt. Sobald der Schaum größtenteils entfernt ist, fügen Sie alle anderen Zutaten	**SCHRITT 2**: Die Hitze reduzieren, abdecken und 2 Std. 30 Min.-3 Std. 30 Min. leicht köcheln lassen oder bis eine in das Fleisch geschobene Gabel leicht hineingleitet – es sollte wirklich weich sein. Beginnen Sie nach 2 Stunden mit der Überprüfung – es sollte kein Widerstand vorhanden sein, wenn Sie die Gabel aus dem Fleisch ziehen. Sie können auch einen Spieß verwenden, um den Test durchzuführen – achten Sie darauf, ihn in

hinzu. Wenn Sie sie jetzt hinzufügen, stehen sie dem Abschöpfen nicht im Weg.	die dickste Stelle des Fleisches zu drücken.
SCHRITT 3: Sobald das Rindfleisch zart ist, schalten Sie die Hitze aus. Lassen Sie es entweder in der Kochflüssigkeit sitzen, wenn Sie nicht zum Essen bereit sind (es kann bis zu einer Stunde so stehen), oder heben Sie das Fleisch mit zwei Gabeln heraus, lassen Sie das Wasser abtropfen und legen Sie es dann auf ein Brett. Bewahren Sie den Likör auf, wenn Sie das gesalzene Rindfleisch aufwärmen oder einfrieren möchten. Locker mit Folie abdecken und 10-15 Minuten ruhen lassen. Zum Servieren dick gegen die Faser des Fleisches schneiden, sonst zerbröckelt es. Heiß oder kalt servieren. In einem Sandwich servieren.	

Serviervorschlag; (https://en.wikipedia.org/ wiki/Beef_on_weck#/media/File:Small_-_Beef_on_Weck.jpg)

Alexander Wassiljewitsch Suworow-Rymnikski
Suworow wurde 1730 in Moskau geboren und starb 1800 in Sankt Petersburg. Er wurde am Hof Peters I. erzogen, um später die Aufgaben des Dienstadels zu erfüllen. Er lernte das Militärhandwerk von der Pieke auf und war im Siebenjährigen Krieg (1756-1763), im polnischen Feldzug (1768-1772) und im Russisch-Türkischer Krieg (1768–1774) erfolgreich tätig. Im Russisch-Türkischen Krieg (1787–1791) schlug er den türkischen Angriff 1787 zurück, wurde jedoch an der linken Hüfte und am Unterarm schwer verwundet. Nach der Genesung kommandierte er den Sturm auf die türkische Festung Otschakow 1788, wurde aber erneut, diesmal am Hals, schwer verwundet. Nach einer weiteren schweren Verwundung, als er die Explosion eines Pulvermagazins überlebte, siegte er in der Schlacht von Focşani am 1. August 1789. Dafür schickte ihm Katharina II. den St.-Andreas-Orden mit Brillanten. Zwischen den Flüssen Rimna und Rimnik schlug er mit den österreichischen Verbündeten unter dem Prinzen von Coburg die Türken am 22. September 1789 in der Schlacht bei Martinesti. Die Zarin erhob ihn daraufhin zum Grafen Suworow-Rymnikski. Nachdem er sich mit Potjomkin zerkriegte, erlebte er das Ende des türkischen Krieges nur noch als Beobachter.

Die Zarin kommandierte ihn am 5. April 1791 an die schwedische Grenze ab. Dort sollte er die Grenze inspizieren. Am 6. Juli 1791 wurde er Leiter des Festungsbaus in Karelien. Am 13. Dezember 1792 folgte die Versetzung in die Ukraine. Alle Truppen an der türkischen Grenze wurden ihm unterstellt. Er gründete Odessa, die Festung in Tiraspol und baute Sewastopol zu einer starken Festung aus. 1794 wurde Suworow von Katharina nach Polen geschickt. Mit seinem Eintreffen in Polen nahm der Kościuszko-Aufstand ein schnelles Ende. Neben dem langersehnten Rang des Feldmarschalls, den Suworow nunmehr 64-jährig erhielt, bekam er auch die Herrschaft Kobrin und 700 dazugehörige Bauern. Er kommandierte nun alle russischen Truppen in Polen.

Die Thronbesteigung Zar Pauls I. im Jahr 1796 hatte für die russische Armee unangenehme Konsequenzen, den der neue Zar löste, orientiert an Preußen, das Stabswesen auf und außer dem Zaren durfte niemand im Offizierskorps Entscheidungen treffen. Suworows Bonus war bald aufgezehrt, und im Februar 1797 bekam er seine unehrenhafte Entlassung mitgeteilt. Im Jahr darauf wurde ihm sein Aufenthaltsort zugewiesen, und der Zar stellte ihn zusätzlich unter Aufsicht.

Im zweiten Koalitionskrieg (1799–1801) vertrieben zunächst russische und österreichische Truppen die französischen Truppen und zerstörten die französischen Satellitenstaaten. Für das vereinte russisch-österreichische Kontingent dieser zweiten Koalition wurde am 24. Februar 1799 Suworow als Oberbefehlshaber eingesetzt. Die siegreiche Schlacht bei Novi am 15. August 1799 beendete den Feldzug. Österreich und Großbritannien wirkten auf den russischen Kaiser ein, die russischen Truppen aus Italien abzu ziehen. Die Russen wurden in die Schweiz geschickt und marschierten am 7. September 1799 ab.

In einer verlustreichen Operation in den Schweizer Bergen gelang ihm zwar den Gotthardpass zu erobern, jedoch geriet er gestützt auf falsche österreichische Militärkarten auf Irrwege und musste Pässe ins Muotatal. Nach dem Sieg über den französischen Heerführer Masséna in der Schlacht im Muotatal gelang Suworow der Ausbruch über den Pragelpass nach Glarus, von wo aus sich die russische Armee ins Bündnerland absetzte und dann weiter Richtung Österreich marschierte. Trotz der widrigen Bedingungen konnte Suworow ca. 15.000 Mann seiner Armee aus der Umzingelung herausführen und brachte noch ca. 1400 französische Gefangene mit sich, darunter General Guiot de Lacour. Am 5. Dezember erreichte er Prag und bezog das Winterquartier bei Dušníky. Suworows schwere Erkrankung ließ ihn den Oberbefehl abgeben. Am 18. Mai 1800 starb Alexander Suworow und wurde sechs Tage später im Alexander-Newski-Kloster beigesetzt. Die öffentliche Presse und der Hof nahmen weder Tod noch Beisetzung offiziell zur Kenntnis. Das einfache Volk versammelte sich in großer Zahl zur Beisetzung. Suworow ging in die Kriegsgeschichte als jener Feldherr ein, der keine Schlacht verloren hat!

	(https://de.wikipedia.org/wiki/Alexander_Wassiljewitsch_Suworow#/media/Datei:Suvorov_Alex_V.jpg)

Hühnerbrust, gefüllt mit Bärlauch und Schafkäse
Der Fürst und Feldherr Suworow wird immer mit folgendem Gericht in Verbindung gebracht: Edles Geflügel wird in Madeirawein gedünstet und mit Gänseleber und Trüffeln gefüllt. Diese edle Speise schmeckt zwar vorzüglich, bedarf aber einer langen Vorbereitungszeit. Der Autor hat daher ein etwas einfacheres Gericht ausgewählt, nämlich Hühnerbrust, gefüllt mit Bärlauch und Schafkäse.

Zutaten für 4 Personen:

4 Hühnerbrüste 200 Gramm Schafkäse 300 Gramm Bärlauch 50 Gramm Obers (Sahne) Salz, Pfeffer, Knoblauch, 4 Esslöffel ÖL, etwas Butter	Für die Sauce: 200 Gramm Bärlauch 250 Gramm Obers Salz, Pfeffer und etwas Butter

Zubereitungszeit: Rund 50 Minuten.
Zubereitung:
Den Bärlauch in feine Streifen schneiden, in Butter anschwitzen, mit Salz, Pfeffer und Knoblauch würzen. Das Obers dazugeben und kurz einkochen. Den Schafkäse mit der überkühlten Bärlauchmasse vermischen.

In die Hühnerbrüste eine Tasche schneiden, mit Salz und Pfeffer würzen. Mit der Bärlauch-Schafkäse-Masse die Hühnerbrüste füllen. Die gefüllten Hühnerfilets salzen, pfeffern und in Öl beidseitig braten.

Für die Sauce geschnittenen Bärlauch in Butter anschwitzen, mit Obers aufgießen, kurz einkochen lassen, würzen und mit einem Stabmixer pürieren.

Serviervorschlag; Foto: Autor

Napoleon Buonaparte

Napoleone, später Napoleon, wurde 1769 als eines von dreizehn Kindern auf der Insel Korsika geboren. Die Familie Buonaparte gehörte zum Kleinadel. Der Junge wurde während seiner Schulausbildung aufgrund seiner Fähigkeiten schnell zu einer der besten Militärschulen Frankreichs versetzt.1785 verlässt er das „École royale militaire" in Paris und beginnt seine Karriere beim Militär.

1789 begann die Französische Revolution. Napoleon stand hinter dem Ziel des Aufstands. Als Napoleon seine Mitstreiter erfolgreich durch die Revolution führte, wurde er zum General erklärt. 1796 folgte schließlich sein Durchbruch, als er als Anführer im Italienfeldzug gegen Österreich siegte. Durch seine Leistungen wurde er immer mehr zu einer Art Volkshelden. Napoleon heiratete die adelige Joséphine de Beauharnais.

1799 endete die Französische Revolution mit dem Sturz der Regierung und Napoleon wurde zum Alleinherrscher Frankreichs ernannt. Er nutzte seine Rolle, um das Land wieder aufzubauen und den Bürgern neue Rechte zu verschaffen. Die Verkehrsstruktur wurde ausgebaut, die Finanzen neu geplant und ein neues Regierungssystem entworfen. In einer Abstimmung wählte ihn daraufhin das Volk zum Machthaber auf Lebensdauer. Er war nun Kaiser von Frankreich.

Während er innenpolitisch für Harmonie eintrat, überzog er Europa mit Krieg und Zerstörung. Er erklärte Großbritannien den Krieg, Preußen und Russland folgten. Parallel zu seinen Kämpfen verließ er Joséphine, lernte seine neue Ehefrau Marie-Louise von Habsburg kennen und bekam mit Marie-Louise einen Sohn.

Mit dem gescheiterten Russlandfeldzug 1812 begann sein Stern langsam zu sinken. Nach einigen gescheiterten Schlachten (Völkerschlacht bei Leipzig 1813 und die Schlacht von Paris 1814) wurde er Ende April 1814 nach Elba verbannt, von wo er aber im März 1815 nach Frankreich wieder zurückkehrte und die Herrschaft der 100 Tage begann. Endgültig wurde er bei Waterloo am 18. Juni 1815 besiegt. Man verbannte den ehemaligen Kaiser und Nationalhelden auf die Insel St. Helena im Südatlantik. Dort starb er auch schon wenige Jahre später, am 5. Mai 1821.

Der junge Napoleon in Kairo (https://fr.wikipedia.org/wiki/Napoléon_Ier#/media/Fichier:Jean-Léon_Gérôme_002.jpg)	

Hähnchen Marengo

Napoleon besiegte am 14. Juni 1800 die Österreicher bei Marengo; das französische Ragout Marengo wurde ihm angeblich nach dieser Schlacht serviert. Es wurde danach seine Lieblingsspeise nach jeder Schlacht.

Zutaten: Für 4 Personen benötigt man:

2 Kilogramm zerteilte Hähnchen
3 Knoblauchzehen
3 Zwiebeln
350 Gramm Champignons
4 Esslöffel Weinbrand
Muskat
3 Rosmarinzweige
3 Esslöffel Pflanzenöl
3 Teelöffel Tomatenmark
350 Milliliter Weißwein
550 Gramm geschnittene Tomaten
Salz und Pfeffer

Zubereitungszeit: Für die Zubereitung muss man etwa 1 Stunde 15 Minuten veranschlagen (25 bis 30 Minuten Arbeitszeit und rund 45 bis 50 Minuten Kochzeit).

Zubereitung:

Knoblauch und Zwiebeln hacken und grob würfeln. Pilze putzen und vierteln. Rosmarin in Stücke teilen.

Die Hähnchenteile waschen, mit Salz und Pfeffer würzen und anbraten. Knoblauch, Zwiebeln, Tomatenmark und

Rosmarin kurz mitrösten. Mit Weißwein und Weinbrand ablöschen und einkochen lassen. Tomaten und Pilze zufügen. Das Ragout mit Salz, Pfeffer und Muskatnuss würzen. Bei halb aufgelegtem Deckel mindestens 35 Minuten köcheln lassen.

Als Beilage Reis oder Kartoffeln reichen oder auch geröstete Weißbrotscheiben.

Serviervorschlag; (https://commons.wikimedia.org/wiki/File:Poulet_Marengo.jpg)

Arthur Wellesley, 1. Duke of Wellington
Arthur Wellesley, 1. Duke of Wellington wurde 1769 geboren und starb 1852. Er war Feldmarschall und der herausragendste britische Militärführer der napoleonischen Zeit sowie britischer Außen- und zweimal Premierminister.

Arthur Wellesley stammte aus adeligem Hause und wurde nach einer Erziehung in Eton auf die Militärakademie in Frankreich gesandt. Im Alter von 18 Jahren wurde er in die Armee einberufen und zum Adjutanten des irischen Vizekönigs ernannt. In den Jahren 1790–97 hatte er den Familiensitz von Trim im irischen Parlament inne. Als Oberstleutnant wurde er 1794/95 in Flandern eingesetzt und lernte aus den Fehlern seiner Vorgesetzten. Nachdem es ihm nicht gelungen war, eine zivile Anstellung zu finden, war er froh, 1796 nach Indien versetzt zu werden.

Die Ankunft seines ältesten Bruders Richard als Vizekönig von Indien ermöglichte es ihm, seine Talente auszuschöpfen. Er befehligte eine Division gegen Tippu, den Sultan von Mysore (Mysuru) und wurde Gouverneur von Mysore (1799) und Oberbefehlshaber gegen die Marathas. Siege, vor allem bei Assaye (1803), führten zu einem Frieden, den er selbst aushandelte. Alle erfolgreichen Eigenschaften, die er später auf europäischen Schlachtfeldern an den Tag legte, wurden in Indien entwickelt: Entschlossenheit, gesunder Menschenverstand und Liebe zum Detail; sich um seine Soldaten und deren Vorräte zu kümmern; und gute Beziehungen zur Zivilbevölkerung. Napoleon war unklug, als er ihn später als bloßen „Sepoy-General"

(Anm.: nach der Sepoy Meuterei in Indien benannt) abschrieb. Wellesley kehrte 1805 nach England zurück und wurde zum Ritter geschlagen. Wellesleys neue Aufgaben waren enttäuschend: eine gescheiterte Expedition nach Hannover, gefolgt von einer Brigade in Hastings. Aber er fühlte, dass er überall dort dienen musste, wo es die Pflicht erforderte. Eine Pflicht bestand darin, ins Parlament einzuziehen, um radikale Angriffe auf die indische Bilanz seines Bruders abzuwehren. Er verbrachte zwei Jahre in Irland als Tory-Chefsekretär. Auf einer kurzen militärischen Expedition in Kopenhagen (1807) besiegte er eine kleine dänische Streitmacht. Als sich die Portugiesen 1808 gegen Napoleon erhoben, wurde Wellesley befohlen, sie zu unterstützen.

Wellesley hatte nicht die Absicht, „halb geschlagen zu werden, bevor die Schlacht begann" – die übliche Wirkung von Napoleons Vorherrschaft auf kontinentale Armeen. Mit „stabilen Truppen" rechnete er damit, den französischen Angriff zu meistern. Seine „dünne rote Linie" der britischen Infanterie besiegte zwar die Kolonnen von General Andoche Junot bei Vimeiro, aber die Ankunft zweier überlegener britischer Offiziere verhinderte eine Verfolgung, da sie es vorzogen, die unpopuläre Konvention von Sintra zu unterzeichnen, wodurch Junots Armee repatriiert wurde. Der öffentliche Aufschrei führte dazu, dass Wellesley und seine Kollegen vor ein Kriegsgericht gestellt wurden. Obwohl Wellesley freigesprochen wurde, kehrte er als Chefsekretär nach Irland zurück. Nachdem die Briten Spanien evakuiert hatten, überzeugte er jedoch die Regierung, 1809 die Feindseligkeiten wieder aufnehmen zu lassen, mit dem Argument, dass Portugal immer noch gehalten werden könne, eine Entscheidung, die für Europa von entscheidender Bedeutung war. Bei der Landung in Lissabon überraschte er Marschall Nicolas-Jean de Dieu Soult, eroberte Porto und jagte die Franzosen zurück nach Spanien, aber ein gemeinsamer englisch-spanischer Vorstoß auf Madrid scheiterte trotz eines Sieges bei Talavera. Obwohl Viscount Wellington für seine Offensive mit einem Adelstitel belohnt wurde, zog er sich mit seiner zahlenmäßig stark unterlegenen Streitmacht auf seinen portugiesischen Stützpunkt zurück und besiegte unterwegs Marschall André Masséna bei Bussaco. Er hatte heimlich die berühmten „Linien von Torres Vedras" auf der Halbinsel Lissabon befestigt. Massénas Evakuierung Portugals im Frühjahr 1811 und der Verlust von Fuentes de Oñoro rechtfertigten Wellingtons defensive Politik der verbrannten Erde triumphal und bestätigten das Vertrauen seiner Soldaten in ihn. Er wurde von seinen Männern „neugierig" und von seinen Offizieren „der Beau" genannt, wegen seiner schlanken fünf Fuß neun Zoll, der perfekt geschnittenen Zivilkleidung, die er am liebsten trug, seines gewellten braunen Haares und seiner strahlend blauen Augen. Seine langsam wachsende Armee war bis 1812 nicht stark genug, um die spanischen Festungen Ciudad Rodrigo und Badajoz einzunehmen. Nachdem er „40.000 Franzosen in 40 Minuten" in Salamanca besiegt hatte, zog er in Madrid ein. Die Belagerung von Burgos scheiterte und seine Armee zog sich erneut nach Portugal zurück, von wo aus sie im Mai 1813 zum letzten Mal nach Spanien aufbrach.

Nach einem Vorstoß über die Halbinsel brachte er die Franzosen in Vitoria in Schach, schlug sie in die Flucht und erbeutete ihr gesamtes Gepäck. Dieser glänzende Preis war zu viel für die Sieger, die die Franzosen in die Pyrenäen flüchten ließen, während Wellington seine betrunkenen Truppen als „Abschaum der Erde" denunzierte. Der Sieg bei Vitoria gab dem europäischen Bündnis gegen Napoleon Auftrieb, und Soults anfänglicher Erfolg in den Pyrenäen konnte Wellington nicht daran hindern, San Sebastián und Pamplona einzunehmen. Als es trocken wurde, fiel Wellington in Frankreich ein und überquerte nacheinander die Flusslinien, bis er am 10. April 1814 in Toulouse einmarschierte und damit den Halbinselkrieg beendete. (Vier Tage zuvor hatte Napoleon abgedankt.) Er war bereits Marquis und Feldmarschall und wurde nun zum Herzog ernannt, mit dem Geschenk der Nation von 500.000 Pfund und später von Stratfield Saye in Hampshire, um seine Position zu halten. Mit Napoleon auf Elba wurde Wellington zum Botschafter am restaurierten bourbonischen Hof Ludwigs XVIII. ernannt. Im Februar 1815 nahm er auf dem Wiener Kongress den Platz des Außenministers Viscount Castlereagh ein, aber bevor die Delegierten ihre Friedensstiftung beenden konnten, war Napoleon geflohen und landete in Frankreich (1. März), um seine Hundert Tage zu beginnen. Der Sieg Wellingtons und des preußischen Feldmarschalls Gebhard Leberecht Blücher am 18. Juni bei Waterloo machte den Herzog zum berühmtesten – wenn nicht sogar jubelndsten – Helden Europas. „Ich hoffe zu Gott, dass ich meine letzte Schlacht geschlagen habe", sagte er und weinte um die Gefallenen.

„Es ist eine schlechte Sache, immer zu kämpfen." Seine Hoffnung erfüllte sich. Als Oberbefehlshaber während der Besetzung Frankreichs lehnte er einen Straffrieden ab, organisierte Kredite zur Rettung der französischen Finanzen und riet zum Abzug der Besatzungstruppen nach drei Jahren. Für diese Politik gewann er die Dankbarkeit des Friedenskongresses und kehrte 1818 mit den Stäben (Symbol des Feldmarschalls) von sechs Ländern nach Hause zurück.

Wellingtons Auslandserfahrungen verhinderten, dass er jemals Parteipolitiker wurde. Obwohl er dem Tory-Kabinett des Earl of Liverpool als Master General of the Ordnance beitrat, befreite er sich selbst davon, sich automatisch gegen eine spätere Whig-Regierung zu stellen: „Eine faktische Opposition“, argumentierte er, „ist den Interessen des Landes höchst schädlich."

Nach dem Wiener Kongress wandte er sich wieder einer politischen Laufbahn zu und erhielt 1818 ein Amt in der Tory-Regierung unter Lord Liverpool. Am 17. August 1827 wurde er Oberkommandierender der britischen Armee, doch übernahm er 1828 nach dem Tod von Canning und dem Sturz von Lord Goderich widerstrebend das Amt des Premierministers. Sein politischer Werdegang war steinig und er legte 1846 sein Amt als Führer der Mehrheitsfraktion nieder und zog sich aus der Öffentlichkeit zurück. Das Amt des Oberbefehlshabers der Armee behielt er allerdings bis zu seinem Tod.

	(https://en.wikipedia.org/wiki/Duke_of_Wellington_(title)#/media/File:Arthur_Wellesley,_1st_Duke_of_Wellington_by_Robert_Home_cropped.jpg)

Beef Wellington
Zur Zeit der Napoleonischen Kriege erfreuten sich in Teig gehüllte Fleischgerichte großer Beliebtheit. Der erste Duke von Wellington verspeiste angeblich das bekannte gebackene Filet im Teigmantel nach der Schlacht von Viktoria. Danach wurde es zu seiner favorisierten Leibspeise und Arthur Wellesley zum Namensgeber. Das Original Wellington wird ausschließlich mit Rinderfilet zubereitet. Es gilt als eines der edelsten Stücke des Rindes und wird je nach Region auch als Lende bezeichnet.

Zutaten: Für 4 Personen benötigt man:
800 Gramm Rinderfilet
1 Esslöffel Rinderschmalz
1 Esslöffel Dijonsenf
400 Gramm frischer Blätterteig

250 Gramm Champignons
2 Schalotten
50 Gramm Butter
100 Milliliter Weißwein
1/4 Bund glatte Petersilie
1/4 Bund Thymian
1 Teelöffel getrockneter Majoran
1 Eigelb
Salz
frisch gemahlener Pfeffer

Zubereitungszeit:
Der Zeitbedarf für die Herstellung dieses Gerichtes ist rund eine Stunde (Arbeitszeit zur Vorbereitung fürs Kochen 20 bis 25 Minuten, Kochzeit 35 bis 40 Minuten).

Zubereitung:
Für die Pilz Duxelles die Schalotten schälen, fein hacken und die Pilze grob vierteln.
Die Blätter des Thymians abzupfen. Danach alles gemeinsam in Butter anbraten und mit Weißwein ablöschen.
Sobald die Flüssigkeit reduziert ist, noch mit Salz, Pfeffer, Majoran und Thymian würzen, um anschließend die gesamte Masse zusammen mit der frischen Petersilie im Mixer zu einer feinen Paste zu zerkleinern.
Danach das Filet trocken tupfen und vor dem Anbraten ringsherum mit Salz würzen.
Anschließend das Rinderfett in der Pfanne auslassen und das Filet von allen Seiten für insgesamt nicht länger als 8 Minuten bei hoher Hitze scharf anbraten.

Erst jetzt das Fleisch mit Senf bestreichen und mit Pfeffer würzen, um es auf einen vorgewärmten Teller zu geben. Nur kurz abkühlen lassen - es sollte auf keinen Fall vollständig auskühlen.

In der Zwischenzeit den Ofen auf 180 °C Umluft vorheizen und den Blätterteig herausholen, um ihn auf einer leicht bemehlten Arbeitsfläche rechteckig auszurollen.
Nun etwa die Hälfte des Duxelles in die Mitte des Teiges aufstreichen und das Filet darauf platzieren, um es mit der übrigen Pilzmasse zu umhüllen.
Den Teig um das Fleisch hüllen und die überlappenden Seiten einklappen, um sie fest anzudrücken. Das Teigpäckchen mit der Naht nach unten auf ein Blech mit Backpapier setzen.

Jetzt nur noch das Eigelb verquirlen und überall auf der Außenseite verstreichen.
Das Filet Wellington anschließend für 15 Minuten auf mittlerer Schiene backen und danach die Temperatur auf 120 °C Umluft reduzieren, um es für weitere 10 Minuten zu garen, bis der Teig goldbraun ist.

Vor dem ersten Anschnitt noch mindestens 8-10 Minuten ruhen lassen, damit nicht zu viel Fleischsaft austritt und das Filet trocken wird.

Serviervorschlag; (https://upload.wikimedia.org/wikipedia/commons/3/35/Beef_Wellington_-_Whole.jpg)

Literaturhinweise

Ausgewählte Biografien und zeitgenössische Essgewohnheiten

Hermann A. Schlögl: **Ramses II**., Rowohlt Taschenbuch-Verlag, Reinbek bei Hamburg 1993 bzw. https://www.selket.de/leben-im-alten-aegypten/essen-und-trinken/ (01092023)

Tony Bath: **Hannibal's** campaigns. The story of one of the greatest military commanders of all time. Patrick Stephens, Cambridge 1981 bzw. https://ichi.pro/de/lebensmittel-die-die-welt-eroberten-die-karthager-weizen-und-wein-117357422124170 (01092023)

Alexander Demandt: **Alexander der Große**: Leben und Legende, Beck, München 2009 bzw. https://makedonien.mk/wusstet-ihr-alexander-der-grosse-liebte-eis/ (01092023)

Werner Dahlheim: **Julius Caesar**. Die Ehre des Kriegers und die Not des Staates. Schöningh, Paderborn 2005 bzw. http://www.zeno.org/Literatur/M/Suetonius+Tranquillus,+Gaius/Biographien/ (01092023)

Frances Wood: The **First Emperor of China**. Profile Books, London 2007 bzw. https://en.wikipedia.org/wiki/History_of_Chinese_cuisine (01092023)

Colin D. Gordon: The Age of **Attila**: Fifth-Century Byzantium and the Barbarians. University of Michigan Press,

Ann Arbor 1960 bzw. https://www.sn.at/leben/ mitgekocht-kochen-wie-zur-zeit-der-voelkerwanderung-hunnisches-kraftfutter-133468984 (01092023)

David Bates: **William the Conqueror**. Yale University Press, New Haven 2016 bzw. https://www.english-heritage.org.uk/visit/inspire-me/blog/blog-posts/dine-like-a-norman/(01092023)

Wassili Jan: **Batu Khan**. Kiepenheuer-Verlag, Weimar/Leipzig 1989 bzw. https://www.attiluskaviar.de/blogs/news/caviar-and-celebrations (01092023)

Konrad von Rabenau (Verf.): **Matthias Corvinus** und die Renaissance in Ungarn 1458 - 1541: Katalog der Ausstellung Schallaburg 8. Mai bis 2. November 1982, Wien 1982 bzw. https://www.nosalty.hu/ajanlo/ezt-etted-volna-600-eve-ha-matyas-kiralyhoz-kapsz-vacsorameghivast und https://www.algyoihalaszcsarda.hu/gasztronomia/34-reneszansz-konyha-matyas-kiraly.html (01092023)

John Sugden: **Sir Francis Drake**. Touchstone-Book, Simon & Schuster, New York 1991 bzw. https://academic.oup.com/ icesjms/article/79/2/247/6511216 (01092023)

Hans-Otto Meissner: Meine Hand auf Mexico. Die Abenteuer d. **Hernando Cortés**. Cotta, Stuttgart 1970 bzw. https://www.tryfoods.de/blogs/blog/xocolatl-heiliges-getrank-der-mayas-und-azteken (01092023)

Cecil Howard: **Pizarro** und die Eroberung von Peru. Ensslin & Laiblin, Reutlingen 1970 bzw. https://de.wikipedia.org/ wiki/Cuy_chactado (01092023)

Wilhelm Kühlmann, Gábor Tüskés (Hrsg.): Militia et Litterae: Die beiden **Niklaus Zrìnyi** und Europa (= Frühe Neuzeit. Band 141). Walter de Gruyter, 2010 bzw. https://magyarkonyhaonline.hu/magyar-izek/disznolabat-hidegen-vagy-oltva (01092023)

Ferdinand Stöller: **Raimondo Montecuccoli**. In: Hugo Hantsch (Hrsg.): Gestalter der Geschicke Österreichs. Studien der Wiener Katholischen Akademie, Band 2. Tyrolia, Innsbruck 1962 bzw. https://de.wikipedia.org/wiki/Ciabatta (01092023)

Peter Broucek, Erich Hillbrand, Fritz Vesely: **Prinz Eugen**. Feldzüge und Heerwesen. Deuticke, Wien 1986 bzw. https://www.schlosshof-gastronomie.at/events/kaiserlichetafelschaetze-koeniglichers-picknick/(01092023)

Erich Donnert: **Peter der Große**. Koehler und Amelang, Leipzig 1988 bzw. https://de.rbth.com/kultur/geschichte/2017/08/23/kartoffeln-statt-barte-was-peter-i-aus-europanach-russland-mitbrachte_827332 (01092023)

Tillmann Bendikowski: **Friedrich der Große**. C. Bertelsmann Verlag, München 2011 bzw. https://www.lernhelfer.de/ schuelerlexikon/geschichte/artikel/alltag-unterfriedrich-ii-essen-zu-hofe-und-im-volke (01092023)

Arthur Lindsay Sadler: The maker of modern Japan: the life of **Tokugawa Ieyasu**, Rutland, Vermont: Tuttle 1981 bzw. Katarzyna Joanna Cwiertka: Modern Japanese Cuisine: Food, Power and National Identity, Reaktion books, London 1968

Marcus Cunliffe**: George Washington** – Man and Monument. Rev. ed. New York 1982 bzw. https://www.mountvernon.org/ library/digitalhistory/digital-encyclopedia/article/ dining-at-mount-vernon/ (01092023)

Jann M. Witt: **Horatio Nelson**. Triumph und Tragik eines Seehelden. Sein Leben und seine Zeit. 1758–1805. Koehler, Hamburg 2005 bzw. https://de.wikihow.com/Fleisch-haltbar-machen

Hoffman P.: Alexander **Suworow**. Der unbesiegte Feldherr, Militärverlag, Berlin 1986

August Fournier: **Napoleon I.** Eine Biographie. Phaidon-Verlag, Essen 1996 bzw. https://www.zdf.de/gesellschaft/volle-kanne/huhn-marengo-100.html (01092023)

Michael Glover: **Wellington** as Military Commander. Sphere Books, London 1973 bzw. https://de.wikipedia.org/wiki/ Filet_Wellington (01092023)

Militärgeschichte

Harald Pöcher
Was blieb von der Rüstungsindustrie der k.u.k. Monarchie?
Die k.u.k. Monarchie verfügte über eine Rüstungsindustrie, die in einigen Bereichen leistungsfähig und auch innovativ war. Die Rüstungsbetriebe waren auf das Staatsgebiet des heutigen Österreich, Ungarn und der Tschechischen Republik konzentriert. An der Küste befanden sich Werften im Raum Triest, Fiume und Pola. Nach der Niederlage im Ersten Weltkrieg wurde die Habsburgermonarchie von den Siegermächten zerstückelt und die Nachfolgestaaten erbten die Industrien, die auf ihrem Staatsgebiet lagen. Mehr als 100 Jahre nach dem Ende der Habsburgermonarchie existieren noch einige Betriebe, die weiterhin Rüstungsgüter herstellen. Gerade diese Unternehmen würdigt das vorliegende Buch.
Bd. 13, 2023, 150 S., 29,90 €, br., ISBN 978-3-643-51140-9

Harald Pöcher (Hrsg.)
Vormilitärische Jugenderziehung im Bundesstaat Österreich
Einführende Erläuterungen zur vormilitärischen Jugenderziehung und Wiederabdruck des Behelfes für die vormilitärische Ausbildung im Rahmen des Turnunterrichtes, an Wandertagen und Freiluftnachmittagen
Bis zum Ende des Zweiten Weltkrieges war es in den deutschsprachigen Ländern allgemein anerkanntes Gedankengut, dass die Zukunft des Staates zu einem guten Teil von der vaterländischen Erziehung der Jugend, insbesondere der vormilitärischen Ausbildung, abhänge.

LIT Verlag Berlin – Münster – Wien – Zürich – London
Auslieferung Deutschland / Österreich / Schweiz: siehe Impressumsseite

Das vorliegende Buch gibt einen kurzen Einblick in die Bedeutung der vormilitärischen Ausbildung und stellt die rechtlichen Rahmenbedingungen zur praktischen Durchführung der vormilitärischen Ausbildung im Bundesstaat Österreich dar. Den Kern des Buches bildet ein Wiederabdruck des Behelfes für die vormilitärische Ausbildung an Schulen.
Bd. 12, 2022, 126 S., 29,90 €, br., ISBN 978-3-643-51123-2

Keiichi Ito
Die japanischen Soldaten im Zweiten Weltkrieg
Das Leben an der Front. Übersetzung aus dem Japanischen von Kumiko Ahr und Harald Pöcher
Keiichi Itō schreibt unverblümt aus eigener Erfahrung über das Leben der japanischen Soldaten im Zweiten Weltkrieg an der Front, vor allem in China. Er verbindet dabei Interviews und Zeitzeugnisse zu einem abgerundeten und ungeschönten Bild, das Kriege aus persönlicher und universeller menschlicher Sicht zeigt. Themen wie Kämpfe und Erlebnisse der Soldaten, Prostitution und der Austausch mit der chinesischen Bevölkerung werden geschildert. Die Mentalität des japanischen Volkes, die Grundlagen der Gesellschaft und die militärische Organisation sind ebenso erkennbar und feinsinnig im Werk eingewoben.
Bd. 10, 2021, 124 S., 29,90 €, br., ISBN 978-3-643-80320-7

Harald Pöcher; Katsuyuki Togashi
Eineinhalb Jahrhunderte Militärbeziehungen zwischen Japan und Österreich
Festschrift zum 150. Jahrestag der Aufnahme von diplomatischen Beziehungen zwischen Japan und Österreich
Im Jahre 1869 nahmen die damalige Monarchie Österreich-Ungarn und das Kaiserreich Japan diplomatische Beziehungen auf. Danach entwickelten sich zwischen ihnen in nahezu allen Lebensbereichen Kontakte. Im Mittelpunkt der Festschrift stehen die Militärkontakte von 1869 an bis heute – nach dem Zerfall der Donaumonarchie jene, die zwischen der Republik Österreich und Japan stattfanden. Die Zeit zwischen 1938 bis 1945, als Österreich ein Teil des Deutschen Reiches war, wurde bewusst ausgeklammert.
Bd. 8, 2019, 132 S., 34,90 €, gb., ISBN 978-3-643-50896-6

Harald Pöcher
Das Nachkriegsjapan und seine Selbstverteidigungskräfte
Im Mittelpunkt dieser Arbeit steht die Darstellung der modernen bewaffneten Macht Japans, welche als „Selbstverteidigungsstreitkräfte“ bezeichnet werden. Die Selbstverteidigungsstreitkräfte durchliefen mehrere Epochen ihrer Entwicklung und stellen heute einen verlässlichen Partner im Sicherheitssystem der USA im Westpazifik dar. Die Selbstverteidigungsstreitkräfte leisten sowohl im Inland als auch im Ausland viel im Zusammenhang mit humanitärer Hilfe und Katastrophenschutz und stehen dadurch in der Gunst der Bevölkerung hoch im Kurs. Zur Darstellung der Entwicklungsgeschichte der Selbstverteidigungsstreitkräfte werden vom Autor auch Tabellen, Skizzen und Bilder verwendet.
Bd. 5, 2014, 104 S., 29,90 €, br., ISBN 978-3-643-50593-4

Harald Pöcher
Kriege und Schlachten in Japan von 1922 bis 1945, die Geschichte schrieben
Im Mittelpunkt dieser Arbeit steht die Darstellung und Bewertung der Kriege und Schlachten, welche das Kaiserreich Japan gegen andere Staaten als Expeditionsfeldzüge seit 1922 bis 1945 geführt hatte. Militarismus, Militär und die Streitkräfte waren wie auch in Europa auf einem Höhepunkt, der sich in Kriegen entlud. Diese trieben das Land in den Ruin. Millionen von Soldaten mussten auf den Schlachtfeldern Chinas und in der pazifischen Inselwelt im aufopferungsvollen Kampf für Kaiser und Vaterland ihr Leben lassen. Zur Darstellung der Kriege und Schlachten werden vom Autor auch Bilder und Skizzen verwendet.
Bd. 4, 2012, 120 S., 19,90 €, br., ISBN 978-3-643-50421-0

Harald Pöcher
Kriege und Schlachten in Japan, die Geschichte schrieben
Von 1853 bis 1922
Im Mittelpunkt dieser Arbeit steht die Darstellung und Bewertung der Kriege und Schlachten, welche Japan als Bürgerkrieg und von Japan gegen andere Staaten als Expeditionsfeldzüge seit 1853 bis 1922 geführt wurden. Ähnlich dem Kontinent Europa erlebten in Japan in jener Zeitspanne das Militär und die Streitkräfte einen Höhepunkt, was die Häufigkeit der geführten Kriege und Schlachten betrifft. Zur Darstellung der Kriege und Schlachten werden vom Autor auch Bilder und Skizzen verwendet.
Bd. 3, 2011, 112 S., 19,90 €, br., ISBN 978-3-643-50267-4

Harald Pöcher
Kriege und Schlachten in Japan, die Geschichte schrieben
Von den Anfängen bis 1853
Im Mittelpunkt dieser Arbeit steht die Darstellung und Bewertung der Kriege und Schlachten, welche in Japan als Bürgerkriege und von Japan gegen andere Staaten als Expeditionsfeldzüge seit der Urzeit bis zum Jahre 1853 geführt wurden. Ähnlich dem Kontinent Europa wurden in Japan bis zur Einigung des Reiches Anfang des 17. Jahrhunderts viele Bürgerkriege und auch einige Expeditionskriege gegen Korea, aber auch Kriege gegen Invasoren geführt. Zur Darstellung der Kriege und Schlachten werden vom Autor auch Bilder und Skizzen verwendet.
Bd. 2, 2009, 152 S., 17,90 €, br., ISBN 978-3-643-50082-3

Harald Pöcher
Die Produktion von Waffen in Japan
Vom Mittelalter bis zur Gegenwart
Im Mittelpunkt dieser Arbeit steht die Darstellung der Produktion von Waffen in Japan seit der Früh- bis zur Jetztzeit. Da Japan oft Krieg führte, spielte die Waffenproduktion eine große Rolle. War zunächst die Produktion von Schwertern, einfachen Gewehren und Schiffen bedeutsam, entwickelte sich ab Ende des 19. Jahrhunderts eine vielfältige Rüstungsindustrie, die ihren Höhepunkt während des Zweiten Weltkrieges erlebte. Zur Darstellung der Leistungsfähigkeit der Waffenindustrie werden vom Autor zahlreiche Statistiken und Tabellen aber auch Bildmaterial präsentiert.
Bd. 1, 2008, 232 S., 24,90 €, br., ISBN 978-3-8258-1098-6

LIT Verlag Berlin – Münster – Wien – Zürich – London
Auslieferung Deutschland / Österreich / Schweiz: siehe Impressumsseite

Roland Girtler
Wilderer-Kochbuch
Mit Rezepten von Eva Bodingsbauer

Sie suchen ein ungewöhnliches Kochbuch? Hier ist es: Das Wilderer-Kochbuch. Angeregt von Roland Girtler hat sich Eva Bodenbauer darangemacht, Speisen der Bauern nachzukochen und für Sie aufzubereiten. Es ist eine Küche der einfachen Leute, „gewürzt" mit Festspeisen, wie sie zu Hochzeiten serviert wurden. Das Wildbret stammte nicht selten von Wilderern.

Die Geschichte der Wildschützen ist eine Geschichte der Not und des Aufbegehrens gegen den Adel, der den Bauern verbieten wollte, den Wald zu betreten und das Jagdrecht – und somit das Wild vorbehalten hat. Roland Girtler erzählt über die alte Kultur der Wildschützen und präsentiert Geschichten, wie sie in Almhütten und Gasthäusern zum Besten gegeben wurden.

178 S., 16,90 €, br., ISBN 978-3-643-14112-5